AF610903

FAUNE POPULAIRE

DE

LA FRANCE

EUGÈNE ROLLAND

FAUNE POPULAIRE

DE

LA FRANCE

LES MAMMIFÈRES SAUVAGES

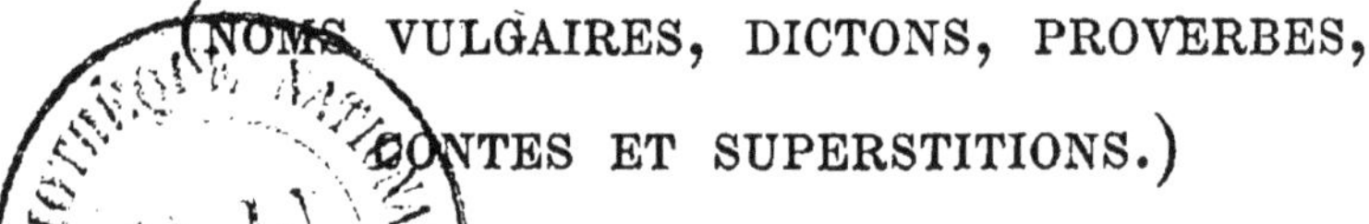

(NOMS VULGAIRES, DICTONS, PROVERBES,
CONTES ET SUPERSTITIONS.)

PARIS
MAISONNEUVE & Cie, LIBRAIRES-ÉDITEURS,
25, QUAI VOLTAIRE, 25.

1877.

Le petit volume que je présente aujourd'hui au monde savant forme la première partie d'une série d'études sur l'histoire naturelle dans ses rapports avec la linguistique et la mythologie. La suite de cet ouvrage [1] comprendra *les oiseaux* (1 volume), *les reptiles, les poissons et les insectes* (1 volume), *les animaux domestiques* (2 volumes), et si le public veut bien m'encourager dans cette voie, je me propose de faire pour la flore française ce que j'aurai fait pour la faune. Un index complet de tous les noms d'histoire naturelle, cités dans cette série de travaux et devant aussi former un volume, facilitera des recherches de tout genre aux linguistes, aux mythologues, aux naturalistes, aux chasseurs, aux pêcheurs, etc.

J'exprime ici le vœu qu'à l'étranger l'on fasse des recueils analogues pour les langues allemande, anglaise, italienne, etc.

Si l'on voit cet espoir se réaliser, de grands services seront rendus à la science linguistique et surtout à la science mythologique ; M. Benfey, dans son *Pantschatantra*, et M. Angelo de Gubernatis, dans sa *Mythologie zoologique*, ont déjà fait voir quel rapport intime existait entre la zoologie (populaire) et la mythologie.

EUG. ROLLAND.

[1] Pour cette série de volumes (aujourd'hui en préparation) je conserverai fidèlement le plan que j'ai adopté pour celui-ci. Voici ce plan : à chaque espèce animale est consacré un chapitre divisé en deux parties, dont la première contient les noms vulgaires, les termes de chasse, les dictons, une partie des proverbes et dont la seconde renferme les proverbes qui font allusion à des contes, les contes, les préjugés et les superstitions.

OUVRAGES CITÉS.

ABADIE. — Lou parterre gascoun.... Toulouse, 1850.

ANDREWS (James Bruyn). — Essai de grammaire du dialecte mentonais avec quelques contes, chansons et musique du pays. Nice, 1875.

ANDRY. — Le Régime du carême... Paris, 1710.

ANEAU. — Description philosophale de la nature et condition des oiseaux. Paris, 1571.

ASCOLI. — Saggi ladini.... Firenze, 1873.

AZAÏS. — Dictionnaire des idiômes languedociens.

AZUNI. — Histoire géographique, politique et naturelle de la Sardaigne, 2 vol. in-8. Paris, 1802.

BAUHIN. — Traicté des animaulx aians aisles qui nuisent par leurs piqueures ou morsures. Montbéliart, 1593, pet. in-8.

BAUTIAU (l'abbé). — Le Morvand, 3 vol. in-8.

BEAUCHET-FILLEAU. — Essai sur le patois poitevin ou petit glossaire de quelques-uns des mots usités dans le canton de Chef-Boutonne. Melle, 1863, in-8.

BELON (Pierre). — Histoire naturelle des poissons. Paris, 1551, in-4.

BÉRONIE (l'abbé Nicolas). — Dictionnaire du Patois du Bas-Limousin (Corrèze) ouvrage posthume, édité par J.-A. Vialle. Tulle.

BIELZ (E. Albert). — Fauna der Wirbelthiere Siebenbürgens. Hermannstadt, 1856.

BLAVIGNAC. — L'Empro genevois. Genève, 1875.

BONHOTE (J.-H.) — Glossaire neufchâtelois. Neufchâtel, 1867, in-8.

BOSQUET (Mlle Amélie). — La Normandie romanesque et merveilleuse. Paris, 1845.

BOUILLET (J.-B.). — Album auvergnat, Moulins, s. d. in-4.

BRACHET. — Dictionnaire étymologique.

id. — Vocabulaire tourangeau (dans Romania, 1872).

BRAYER. — Statistique de l'Aisne, 2 vol. in-4, 1824.

BRIDEL. — Glossaire du patois de la Suisse romande, édité par Favrat.

BUFFON. — Histoire naturelle. Deux-Ponts, 1785 et suiv.

BUJEAUD (Jérôme). — Chants et Chansons populaires des provinces de l'Ouest. Niort, 1866.

CAMBRESIER (R.). — Dictionnaire wallon-français. Liége, 1787.

CASTOR (J.-J). — L'Interprête provençal. Apt, 1843, in-12.

CÉNAC-MONTAUT. — Dictionnaire gascon-français, dialecte du Gers. Paris, 1863.

CHABANEAU. — Grammaire limousine (dans Revue des Langues romanes, 1871-72).

CHAMBERS. — Popular Rhymes of Scotland. London, 1870.

CHAMPOLLION-FIGEAC. — Nouvelles recherches sur les patois et en particulier sur ceux de l'Isère. Paris, 1809.

CHARLETON. — Exercitationes de differentiis et nominibus animalium. Oxoniæ, 1677.

CHARVET. — Faune de l'Isère (dans Statistique générale de l'Isère, t. II), Grenoble, 1846.

CHESNEL (A. de). — Usages, coutumes et superstitions des habitants de la montagne noire (dans France littéraire, décembre 1839.)

CHESNON. — Essai sur l'Histoire naturelle de la Normandie. Bayeux, 1844.

CHRÉTIEN (L.-J.). — Usages, préjugés, dictons, proverbes et anciens mots de l'arrondissement d'Argentan. Alençon, 1835.

COCHARD. — Proverbes lyonnais (dans Archives historiques et statistiques du Rhône, 2e année, p. 343-348).

COMBES (Anacharsis). — Proverbes agricoles du Sud-Ouest de la France, in-8. Toulouse, 1844.

COMPANYO (L.) — Histoire naturelle des Pyrénées-Orientales, Perpignan, 1861-64, 3 vol. in-8.

CORBLET (l'abbé). — Glossaire étymologique et comparatif du patois picard, Paris, 1851.

CORDIER (F.-S.) — Vocabulaire des mots patois en usage dans la Meuse. Paris, 1833.

CORNAT (l'abbé). — Dictionnaire de patois de l'Yonne (dans Bulletin de la Société archéologique de Sens, tome V, 1854.)

CORNIDE. — Ensayo de una historia de los peces y otras producciones marinas de la costa de Galicia, 1788.

CORNU (J.) — Chants et Contes populaires de la Gruyère (dans Romania, 1875.)

COSTA. — Fauna del regno di Napoli. Napoli, 1851, in-4.

COTGRAVE. — A french and english dictionary, London, 1660.

COUSSEMAKER (E. de). — Chants populaires des Flamands de France. Lille, 1856.

COUZINIÉ (J.-B.) — Dictionnaire de la langue romano castraise et des contrées limitrophes. Castres, 1850, in-8.

CRESPON (J.) — Faune méridionale. Nîmes, Montpellier, 1844, 2 vol. in-8.

CUVIER (F.) — Les Cétacés, suite à Buffon.

DARLUC. — Histoire naturelle de la Provence. Avignon, 1782.

DARTOIS. — Importance de l'étude des patois en général (dans Académie des Sciences, Belles-Lettres et Arts de Besançon, 1850.)

DEBUIRE DU BUC. — Nouveau Glossaire lillois pour faire suite aux chansons en patois de Lille. Lille, 1867.

DEBY (J.) — Histoire naturelle de Belgique. Mammifères. Bruxelles, 1848.

DECORDE (l'abbé). — Dictionnaire du patois du pays de Bray. Paris, 1852.

DERIBIER DE CHEISSAC. — Vocabulaire du patois du Velay et de la Haute-Auvergne. (Extrait des Mémoires de l'Académie de Clermont.)

DESCRIZIONE di Genova e del Genovesato, in-8. Genova, 1846.

DIEZ (F.) — Etymologisches Wörterbuch. Bonn, 1869.

DUBOIS. — Annuaire statistique de l'Orne, 1809.

DUBOIS et TRAVERS. — Dictionnaire du patois normand, Caen, in-8.

DUMÉRIL. — Dictionnaire du patois normand. Caen, 1849.

DÜRINGSFELD (Ida von) und Otto von REINSBERG-DURINGSFELD. — Sprichwörter der germanischen und romanischen Sprachen; Leipsig, 1875, 2 vol.

DUVAL (Jules). — Proverbes patois en dialecte du Rouergue. Rodez, 1845, in-8.

EDMONDSTON. — An etymological glossary of the Shetland and Orkney dialect (dans Transactions of the philological society, 1866.)

FATIO (Victor). — Faune des Vertébrés de la Suisse, 1er vol. les Mammifères, Bâle.

FAVRAT (L.) — Glossaire du patois de la Suisse romande par Bridel, publié par L. Favrat, Bâle, 1866.

FAVRE (L.) — Glossaire du Poitou, de la Saintonge et de l'Aunis, Niort, 1868.

FLEURY DE BELLINGEN. — Etymologie des proverbes français; La Haye, 1656.

FORIR (H.) — Dictionnaire liégeois français, Liége, 1866.

FOUCAUD (J.) — Poésies en patois limousin; édition augmentée d'une étude sur le patois du Haut-Limousin, etc., par E. Ruben, Limoges, 1866.

GARY. — Dictionnaire patois français à l'usage du Tarn, Castres, 1845.

GASPARD. — Notice historique sur la commune de Montrêt (arrondissement de Louhans) dans Mémoires de la Société d'histoire et d'archéologie de Châlons-sur-Saône, tome V, (1866.)

GATSCHET. — Interprétation d'un certain nombre de noms de lieux suisses (dans Annuaire du club alpin, Suisse, 1867.)

GAYOT. — Les Petits Mammifères.

GÉRARD (Ch.) Essai d'une faune historique des Mammifères sauvages de l'Alsace, Colmar, 1871, in-8.

GINDRE. — Etude sur le patois du Jura (dans Bulletin de la Société d'agriculture, etc. de Poligny, 1864.)

GRANDGAGNAGE (Ch.) — Dictionnaire wallon.

id. — Vocabulaire des noms wallons d'animaux, de plantes et de minéraux, Liége, 1857, in-8.

GRAS. — Dictionnaire du patois forézien, Lyon, 1863.

id. — Evangile des Quenouilles foréziennes.

GRIVEL (l'abbé). — Chroniques du Livradois, 1852.

GREGOR. — The dialect of Banffshire, (dans Transactions of the philological society, 1866.)

GROSLEY. — Vocabulaire champenois, Paris, 1774.

GUBERNATIS (Angelo de). — Mythologie zoologique; traduit de l'anglais par Paul Regnaud, 2 vol. in-8. Paris, 1874.

GUILLEMIN (J.) — Glossaire explicatif, etc., des patois de l'ancienne Bresse châlonnaise (dans Mémoires de la Société de Châlons-sur-Saône, 1862.)

HABASQUE. — Notions historiques, géographiques, etc., sur le littoral des Côtes-du-Nord. Saint-Brieux, 1832.

HÉCART. — Dictionnaire rouchi et français, 3e édition. Valenciennes, 1834.

HOLANDRE (J.) — Faune de la Moselle. Metz, 1836.

JACLOT. — Le Lorrain peint par lui-même. Metz, 1853-1854.

JACQUEMIN. — Guide du Voyageur dans Arles. Arles, 1835.

JAUBERT. — Glossaire du centre de la France, 1864-1869.

JÔNAIN (P.) — Dictionnaire du patois saintongeais. Royan, 1869.

JOUBERT (Laur.) — Erreurs populaires et propos vulgaires touchant la Médecine. Rouen, 1600, in-18 de 180 pages.

JUGE J.-J. — Changements survenus dans les mœurs des habitants de Limoges. Limoges, 1817.

KOESTLIN. — Lettres sur l'Histoire naturelle de l'isle d'Elbe. Vienne, 1780.

LABORDE (L. de). —Notice des émaux...... du Louvre, 1853.

LABOUDERIE (l'abbé). — Vocabulaire du patois de la Haute-Auvergne (dans Mém. de la Soc. des Ant. de France, 1836.)

LA FARE ALAIS. — Las castagnados. Alais, 1844.

LAISNEL DE LA SALLE. — Croyances du centre de la France. Paris, 1875.

LALANNE (l'abbé). — Glossaire du patois poitevin. Poitiers, 1868.

LEGONIDEC. — Dictionnaire breton-français.

LE HÉRICHER. — Histoire et glossaire du Normand.... Paris, 1870.

LEMETTEIL. — Catalogue des Oiseaux de la Seine-Inférieure. Rouen, 1867.

LEQUINIO. — Voyage.... dans le Jura. Paris, an IX.

LEROUX (Ph.-J.). — Dictionnaire comique, 1787.

LEROUX DE LINCY. — Le Livre des proverbes. Paris, 1859.

LITTRÉ. — Dictionnaire français.

LUCAS DE MONTIGNY. — Récits variés. Aix, 1874.

MARCEL DE SERRES. — Essai pour servir à l'histoire des animaux du midi de la France. Paris, 1822.

MARCOTTE. — Les Animaux vertébrés de l'arrondissement d'Abbeville. 1860.

MATTHIOLI. — Commentaires.... Lyon, 1579.

MERRETT. — Britannicarum rerum naturalium pinax. Londini, 1704.

MÉRY (de). — Histoire des Proverbes. Paris, 1828.

MÉTIVIER. — Dictionnaire franco-normand, dialecte de Guernesey. Londres.

id. — Rimes guernesiaises. Londres.

MICHELANT (H). — La Meute et Vénerie pour le lièvre, de Jean de Lignéville. Paris, 1865.

MIGNARD. — Vocabulaire du Dialecte et du patois de la Bourgogne. Paris, 1870.

MILLET (P.-A.). — Faune de Maine-et-Loire. Paris, 1828.

MIORCEC DE KERDANET. — Histoire de la langue des Gaulois. Rennes, 1821.

MOLARD. — Le Mauvais langage corrigé. Lyon, 1810.

MONNIER. — Vocabulaire de la langue rustique du Jura (dans Mém. de la Société des Antiquaires, 1823.)

MONTESSON (C.-R. de). — Vocabulaire du Haut-Maine. Paris, 1859.

MORIN (A.-S.). — Le Prêtre et le Sorcier. Superstitions du département d'Eure-et-Loir, 1872. *En dépôt chez Viaut, libraire, 42, rue Saint-André-des-Arts, Paris.*

MULSON. — Vocabulaire langrois. Langres, 1822.

MUSSAFIA (Ad.). — Beitrag zur kunde der norditalienischen mundarten im 15 jahrhundert. Wien. 1873.

NEMNICH (Ph. And.). — Catholicon od. allgem. Polyglotten lexicon der Naturgesch. 2 Bde in-4. Hamburg, 1793-98.

NIGRA (le chevalier C.). — Fonetica del dialetto di Val Soana (canavense). (dans Archivio glottologico d'Ascoli, 1874).

NOELAS (Frédéric). — Légendes et Traditions foréziennes. Roanne, 1865.

NORE (Alfred de) Coutumes, Mythes et Traditions des provinces de France. Paris, 1846.

NORGUET (de). — Les Mammifères utiles ou nuisibles dans le département du Nord. Lille, 1866. (Dans Archives du Comice agricole de l'arrondissement de Lille.)

OBERLIN. — Essai sur le patois lorrain du Ban-de-la-Roche. Strasbourg, 1775.

OGÉRIEN et MICHALET. — Histoire naturelle du Jura. Paris, 1863-1867.

OLLIVIER (Jules). — Essai sur l'Origine et la Formation des Dialectes vulgaires du Dauphiné. Valence, 1836.

ONOFRIO. — Essai d'un Glossaire du patois lyonnais. Lyon, 1864.

PALSGRAVE. — L'Eclaircissement de la langue française.

PEACOCK. — A Glossary of the dialect of the Hundred of Lonsdale north and south of the sands in the county of Lancaster (dans Trans. of the philol. society, 1869.)

PIERART. — Guide du Touriste sur le chemin de fer de Saint-Quentin à Maubeuge. Maubeuge, 1862.

PLUQUET. — Contes populaires, préjugés, patois, proverbes, etc., de l'arrondissement de Bayeux, 1834, in-8.

POMIER. — Manuel des Locutions vicieuses les plus fréquentes, dans le département de la Haute-Loire. Au Puy, 1835.

PONT (l'abbé). — Origine du patois de la Tarentaise. Paris, 1872.

POUMARÈDE (J.) — Manuel des Termes usuels. Toulouse, 1860,

QUITARD. — Dictionnaire des Proverbes. Paris, 1842.

RAY. — Catalogue de la Faune de l'Aube. Troyes, 1843.

RAYNOUARD. — Lexique roman. 1838.

RAZOUMOWSKI. — Histoire naturelle du Jorat. — Lausanne, 1789.

RÉGIS DE LA COLOMBIÈRE. — Les Cris populaires de Marseille. Marseille, in-8.

REINSBERG-DÜRINGSFELD. — Sprichwörter der germanischen and romanischen Sprachen. Leipzig, 1875.

id. — Traditions et Légendes de la Belgique. Bruxelles, 1870.

RISSO. — Histoire naturelle des productions de l'Europe méridionale et particulièrement de celles de Nice et des Alpes-Maritimes. Paris, 1826.

RONDELET. — L'Histoire des Poissons. Lyon, 1558.

SAHLER (A.) — Catalogue des Animaux de l'arrondissement de Montbéliard, 1864.

SALVATOR. — Annales sardiniae. Florence, 1639.

SAUBINET. — Vocabulaire du bas lang. rémois. Reims, 1845.

SAUGER-PRÉNEUF. — Dictionnaire des Locutions vicieuses.... du Limousin. Limoges, 1825.

SAUVAGES (l'abbé de). — Dictionnaire languedocien. Alais, 1820.

SAUVÉ. — Proverbes et Dictons de la Basse-Bretagne (dans Revue celtique, 1870.)

SCHELER. — Dictionnaire d'étymologie, 1873.

id. — Glossaire roman du XVe siècle. Anvers, 1865.

id. — Trois traités de lexicographie latine du XIIe siècle (dans Jahrbuch f. rom. und engl. lit. 1865.)

SÉLYS-LONGCHAMPS (Edm. de). — Faune de Belgique, 1842.

SIGART. — Glossaire montois. Bruxelles, 1866.

SOLAND (Aimé de). — Proverbes et Dictons de l'Anjou. Angers, 1858.

STATISTIQUE générale de la France, grand in-folio, Paris. (Le tome XVI contient des proverbes agricoles.)

STOEBER. — Elsässisches Volksbüchlein. Strasbourg, 1842.

TARBÉ. — Recherche sur l'Histoire du langage et des patois de la Champagne. Reims, 1851.

id. — Romancero de Champagne.

TASLÉ. — Liste des Mammifères du Morbihan. Vannes, 1860.

THIERS. — Traité des Superstitions..... Paris, 4 vol. in-12, 1741.

THIESSING. — Proverbes, formules rimées du Languedoc (dans Archiv für das studium der n. Sprach. und lit. tome XLIII.)

THIRIAT (Xavier.) — La Vallée de Cleurie, statistique, topographique, historique. — Mirecourt, 1869, in-12.

TISSOT (J.) — Les patois des Fourgs (Doubs), Besançon, 1865.

— — Les Fourgs.... les Mœurs. Besançon, 1873.

TOUBIN (Charles.) — Récits jurassiens, Salins, 1869.

TOUSSENEL. — L'Esprit des Bêtes (Mammifères de France.) Paris, 1853.

TRAVERS et DUBOIS. — Dictionnaire du patois normand. Caen, 1 vol. in-8.

TRÉMEAU DE ROCHEBRUNE. — Catalogue d'une partie des animaux de la Charente (dans Actes de la Société linnéenne de Bordeaux, tome XII.)

TSCHUDI (F. de). — Le Monde des Alpes, traduction, 1870, 1 vol. in-8.

VAR. — Département du Var, grand in-folio de 104 pages, s. l. n. d.

VASNIER. — Dictionnaire du patois de l'arrondissement de Pont-Audemer, Rouen, 1862.

VERMESSE. — Dictionnaire du patois de la Flandre. Douai, 1867.

VILLENEUVE (le comte de). — Statistique des Bouches-du-Rhône. Marseille, 1821, 4 vol. in-4.

VINCENT. — Etudes sur le patois de la Creuse. Guéret, 1861.

YAUVILLE. (d') — Traité de Vénerie. Paris, 1788, in-4.

FAUNE POPULAIRE

DE

LA FRANCE

LES MAMMIFÈRES SAUVAGES

§ VESPERTILIO (Genre). L.

LA CHAUVE-SOURIS.

I.

1. — Cet animal, par son pelage et sa forme, ressemble à une souris ; il a en plus l'avantage d'avoir des ailes et de voler ; c'est pourquoi on lui a donné les noms suivants qui signifient *souris ailée* et *souris volante :*

RATA [1] PENNADA, *f.* *(Rattam pennatam)* anc. prov. Raynouard.
SORITZ PENNADA, *f.* (*Soricem pennatam*) anc. prov. Raynouard.
RATA PÉNADA, *f.* languedocien, Marcel de Serres.
RATO PENADO, *f.* provençal ; Tulle, Beronie.
RATO PANADO, *f.* Gard, Crespon.
RATA PEINADA, *f.* Haute-Auvergne, Deribier de Cheissac.
RATA PIGNATA, *f.* Nice, Risso.
RATA PANERA, *f.* (*Rattam pennariam*), catalan des Pyrénées-Orientales, Companyo.

(1) Il est à remarquer que dans les différents dialectes des langues romanes, le mot rata (ratte, etc.), a plus souvent le sens de souris que celui de rat.

SOURI QUI VOLE, Centre, Jaubert.
SOURI VOLANT, Lunéville, Oberlin.
RETTE VOLANDE, *f.* Saint-Amé, Thiriat.
VOLANT RETTE, *f.* Vosges, Richard, *Mémoires de la Société des Antiquaires de France*, t. VIII, p. 122.
VALANT RŒTTE, *f.* Ban de la Roche, Oberlin.
SOURI VOLAGE, *f.* Meuse, Cordier.
RATA VOLAGI, *f.* Lyonnais, Onofrio.
RATE VOLAGE, *f.* Lyonnais, Molard.
RATTE VOLAGE, *f.* ancien français, Cotgrave.
RATE VOLUCHE, *f.* Bresse châlonnaise, Guillemin.
RATE VOULUCE, *f.* Montrêt, Gaspard.
RATTA VOLIA, Suisse romande, Bridel.
RATOULIVA, *f.* id. id.
RATTE VOLAIRE, *f.* id. id.
RATTE VOLATE, *f.* Jura, Monnier.
RATTE VOLERATE, *f.* Châlons-sur-Saône, Guillemin.
ROTOT' W'LLEUSOT', *f.* les Fourgs, Tissot.

Cf. **Rata pignata**, sarde, Mussafia. — **Ratto penügo**, Gênes, Descrizione. — **Rattu penügu**, Gênes, Mussafia. — **Sorighe pinnadule**, sarde, Mussafia. — **Rata pinyada**, catalan, Raynouard. — **Rat pennat**, valencien, Nemnich.

Ratta vola, Pavie, Mussafia. — **Gularat** (g=v), Crémone, Mussafia. — **Ratt sgolado**, Lodi, Mussafia. — **Ratta volàra**, cavanais, Nigra, p. 43, en note. **Rata voloira**, piémontais, Mussafia; Nigra, p. 43, en note. — **Rata volojri**, Val Soana, Nigra, p. 43, en note.

2.—Comme les *Vespertilions* n'ont sur la peau des ailes ni poils, ni plumes on les a qualifiés de *chauves*.

CAUVE SORUIS, ancien français, *Revue de l'Archéologie*, t. VII, col. 107, en note.
CHAUVE SURIS, anc. fr. Littré.
• CHAUVE SOURIS, *f.*, français.
CHAUFE SORIS, fr. du XIIe s., Scheler.
SOURI CAUVE, Valenciennes, Le Héricher, 2e vol. p. 229.
SOUERI CAUVE, Normandie, Le Héricher, id.
SORIS CHAUVE, fr. du XIIIe s. Littré.
SOURIS CHAUVE, anc. fr.; Centre, Jaubert.

On trouve dans les Gloses de Reichenau (VIIIe siècle) *vespertiliones=calves sorices*.

Les noms qui suivent signifient: *souris unie, qui n'a pas de poils* (sur les ailes, sous-entendu).

RATE PLANE, *f.* (*Rattam planam*), Isère, Charvet.
RATE PLAINE, *f.* Isère, Charvet.
RATO PLENO, *f.* Castres, Couzinié.
RATO PERNO, *f.* (*perno=planam*, par métathèse et changement de *l* en *r*) Castres, Couzinié.
RATE PENNE, *f* (je suppose *planam=*plene=*pelne*, *=penne*, par assimilation) Lyonnais, Onofrio.
RATA PENA, *f.* Dauphiné, Champollion-Figeac.

3. — Les noms ci-dessous donnés à la Chauve-souris sont plus difficiles à expliquer; les uns semblent signifier proprement *Chouette-souris* (1); les autres semblent être les mots *Chouette-souris* ou *Chauve-souris*, corrompus par suite de fausse étymologie populaire.

CAU SOUARI, *m.*, guernesiais, Métivier.
CAOU SOUARI, *m.* id. id.
CA SORI, *m.*, Lille, Vermesse (qui orthographie *Cat soris*); Lille, Debuire du Buc (qui dit le mot féminin).
CA SEURI, picard, Corblet (qui orthographie *Casseuris*).
RATO CAUZO, *f.* Gers, Cénac Montaut.
CHAUSOURIS, *f.* anc. fr. Perret E. (1578), XXV Fables des animaux, chap. XIV.
CHAU SORI. *f.* Namur, Grandgagnage.
CHAW SORI, CHAWE SORI, wallon, Grandgagnage, Sélys-Longchamp, Sigart.
CHÈHAU SORI, Namur, Grandgagnage (qui a sans doute écrit ce mot avec *h* uniquement pour séparer les 2 syll.)
CAUQUE SOURI, Pays de Bray, Decorde.
SOURI GAUQUE, Normandie, Chesnon; Bayeux, Le Héricher, Pluquet, Duméril.
CAUTE SORI, rouchi, Hécart.
COTE SORI, rouchi, Hécart.
CATE SORI, rouchi, Hécart; Lille, Norguet (qui orthographie *Cat d'sori.*)

(1) La Chauve-souris a pu être ainsi appelée, parce qu'elle vole le soir comme la chouette.

CATE SEURI, picard, Corblet.
KEUTE SORI, picard, Corblet.
CAUDE SORIS, fr. du XIIIe s. Scheler, Manuscrit de Lille.
CAUDE SORI, au Borinage, Sigart (qui écrit le mot *Kau d'sori*).
KEÛDE SORI, rouchi, Grandgagnage (qui écrit le mot *queue d'sori*).
KEÛDE SORITTE, wallon montois, Sigart (qui orthographie *queue de soritte*.
SOURI CHAUDE, Champagne, Tarbé, Saubinet, Grosley; Poitou, Lalanne; Saintonge, Jônain; Centre, Jaubert.
SOURITTE CHAUDE, Centre, Jaubert.
CHAUDE SOURI. Centre, Jaubert.
CHAUDE SOURITTE, Centre, Jaubert.
CHAUDE SÈRI, Pays messin; recueilli personnellement.
SAUTE SOURI, id. id.
SAUTE SRI, id. id.
SAN SOURI, *f.* Centre, Jaubert.
CHAIVOU SRI, Bourgogne, Mignard.
CHAIVI id. id.
TCHENVAI TCHERI, Montbéliard, Sahler.

4. — Je ne me rends pas compte des formes suivantes :

PISSO ROTO, *f.* Limousin, Foucaud.
TIGNE HUS, Bigorre, J. M. J. Deville, *Annales de la Bigorre*, Tarbes, 1818, p. 246.

II.

1. — La Chauve souris passe pour être aveugle (Cf. esp. *Murciegalo*, port. *Morcego*). C'est ce que dit, entre autres, Aneau qui l'accuse en même temps de boire l'huile des lampes (accusation ordinairement portée contre l'Effraye.)

« Elle est aveugle comme la taupe... succe l'huylle des lampes. » — ANEAU, p. 14.

2. — Ses habitudes nocturnes, sa conformation étrange, sa couleur noire, sa face grimaçante et presque humaine (Cf. son nom napolitain *facciommo*, Muss.) en ont fait aux yeux du vulgaire un animal diabolique qu'on torture chaque fois qu'on peut le prendre.

« Tombent-elles entre nos mains, les Chauves-souris sont torturées et clouées vivantes sur les portes. » Ille-et-Vilaine. — *Bull. de la Soc. protectrice des Animaux,* t. v, p. 259.

Ces tourments lui arrachent des cris qu'on prend pour des injures ou des blasphêmes.

« Si l'on met une Chauve-souris dans le feu, elle fait entendre distinctement de grosses injures. » — A. DE CHESNEL, *France litt.*, déc. 1839, p. 22.

En Sicile, on la traite de même :

« En Sicile, la Chauve-souris, appelée TADDARITA, est considérée comme une forme du démon.... Quand elle est prise, ses maléfices sont conjurés, parce qu'en criant elle blasphème. Aussi la fait-on périr en l'exposant à la flamme d'une chandelle ou à celle du foyer ou bien on la crucifie. » — DE GUBERNATIS, *Mythologie zoologique*, traduction REGNAUD, t. II, p. 214, en note.

3. — Pendant les chaudes soirées d'été les enfants cherchent à attirer les chauves-souris en agitant en l'air soit un mouchoir blanc, soit un chapeau, soit une longue perche et en leur adressant certaines paroles mystérieuses. Ces objets en mouvement semblent exercer sur elles la même attraction que le miroir sur les alouettes, car loin de s'enfuir, elles viennent et reviennent voltiger autour des enfants qui ne manquent pas d'attribuer cet effet aux formules magiques.

Les uns cherchent à les abattre d'un coup de gaule, tandis que les autres leur jettent leurs chapeaux dans l'espoir qu'elles iront maladroitement se jeter dedans.

En Picardie, on adresse cette incantation à la chauve-souris :

Cate seuri, rapache par chi
Je te barai du pain meusi
Et pis dal l'iau à bouère
Cate seuri tout noère.

CORBLET.

A Lille, on lui dit :

Cat d'sori
Rapass par chi
Rapass par là
Le vlà, le vlà
T'auras à manger et à boire
Cat d'sori tout noir.

DE NORGUET.

Dans la même ville, selon Vermesse :

Cat-sori !
Passe par ichi
On t'donnera du pain musi.

En Provence, on l'apostrophe ainsi :

Rato penado, véne léu
Te dounarai de pan nouvéu

(*Revue des Langues Romanes*, 1873, 1re livrais., p. 135.)

En Sicile, on lui chante pour la prendre et la tuer :

Taddarita, 'ncanna, 'ncanna
Lu dimonio ti 'ncanna
E ti 'ncanna pri li peni
Taddarita, veni, veni.

DE GUBERNATIS, *Mythologie zoologique*, traduction REGNAUD, t. II, p. 214, en note.

En Angleterre, on lui dit :

Bloody, bloody Bat
Come into my hat !

CHAMBERS, p. 186.

Ou

Bat ! Bat ! bear away (1)
Here away, there away
Inta my hat.

Hundred of Longsdale, PEACOCK, sub verbo *there away*.

(1) Dans cette formule, selon Peacock, away=about.

A Rampillon (Seine-et-Marne), on met un morceau de pain rôti au bout d'une perche, pour faire venir la Chauve-souris, et on lui chante les paroles suivantes :

Sousse Souris
Viens par ici,
Tu auras du pain rôti,
De la galette
Dans ta pochette,
Du gâteau
Dans ton jabot,
Sousse pierrot.

Rec. personnellement.

4. — A Lille, selon M. de Norguet, on s'imagine que les Chauves-souris cherchent à s'accrocher dans la chevelure des hommes ou des femmes. Cette croyance se trouve aussi en Alsace :

« En Alsace, les enfants qui se trouvent tête nue quand une Chauve-souris vient à passer près d'eux, s'empressent de se couvrir le chef de leurs deux mains parce que si elle pissait dessus, ils pourraient devenir chauves ou avoir la teigne » (1).

Communicat. verbale de M. KRETZ, *de Schelestadt.*

5. — « En Alsace, on attribuait autrefois à la Chauve-souris la propriété de faire avorter les œufs de cigogne; dès qu'elle les avait touchés, ils étaient frappés de stérilité. Pour s'en préserver la cigogne disposait quelques rameaux d'érable dans son nid et la vertu de ce végétal détesté du vespertilion lui interdisait de s'y introduire. On plaçait aussi des branches d'érable au-dessus de l'entrée des maisons que l'on voulait soustraire aux visites de la Chauve-souris. — Lorsque les sauterelles dévastaient un canton, il suffisait de suspendre quelques chauves-souris aux arbres les plus élevés, les sauterelles chassées par une force secrète portaient leurs ravages ailleurs. »

GÉRARD, *Les Mammifères de l'Alsace*, p. 6.

6. — « Autrefois en Alsace on accusait les Chauves-souris de ronger le lard des porcs sur le dos de ces animaux vivants. »

Id., p. 6.

(1) « L'urine des Chauves-souris et la fiante des arondelles peuvent faire perdre la vue. » Joubert, p 136. — Cf. Le nom limousin de cet animal, pisso roto.

VESPERTILIO AURITUS. L.

1.— Le vulgaire ne fait pas de distinction entre les diverses espèces de Vespertilions qui habitent la France. Cependant il en est une qui se fait remarquer par des oreilles démesurées; à Nice, on l'appelle d'un nom péjoratif:

AUREGLIASSA, *f.* Nice, Risso.

Buffon lui a donné le nom d'

OREILLAR, *m.* Buffon, vol. 2, p. 256.

qui semble avoir pris droit de cité dans la langue française.

2.— Dans le Tarn, on l'appelle :

GROSSO RATOPLENO, *f.* Tarn, Gary.

TALPA EUROPAEA. L.

LA TAUPE.

I.

1. — Du mot latin *talpa* dérivent:

TALPA, *f.* Nice, Risso.
TALPO, *f.* Tarn, Gary; Toulouse, Poumarède.
TALPE, *f.* Auch, Abadie.
TAULPE, *f.* anc. franç. Cotgrave,
TAUPA, catalan des Pyrénées-Orientales, Companyo.
TAUPE, *f.* français.
TAUPO, *f.* provençal, languedocien.
TAOPE, *f.* normand, Le Héricher.
TEUPE, *f.* picard, Marcotte, Corblet.

2. — D'une forme **talponem* viennent :

DARBON, *m*. Doubs, Tissot. Jura, Dartois ; Lyonnais, Onofrio. Savoie, Dauphiné, Dartois ; Suisse romande, Dartois, Fatio ; Isère, Charvet.
DERBON, *m*. Doubs, Jura, Dartois,
Suisse, Savoie, id.
Jura, Ogérien.
Suisse romande, Fatio, Bridel, Cornu.
DARBOU, *m*. Dauphiné, Dartois, Champollion-Figeac, Ollivier.
DREBOU, *m*. provençal, Castor.
THARBON, *m*. (avec *th* anglais,) Chambéry, Joret, *Du C dans les Langues Romanes*, p. 211.

3.— Accompagné d'un suffixe le mot *talpa* a donné :

DAŒRVIE, *m*. Montbéliard, Sahler.
DRAVIE, Doubs, Jura, Dartois.
DRAIVIE, id. id. id.

4.— La taupe passe son temps à creuser des galeries, à fouir la terre, aussi lui a-t-on donné les noms suivants, dérivés du verbe **fodicare*, fréquentatif du verbe *fodere*.

FOYAN, *m*. wallon, Grandgagnage.
FOUYAN, *m*. Lunéville, Oberlin; Pays messin, recueilli personnellement.
FEUYAN, *m*. Le Tholy, Thiriat.
FOUGNAN, *m*. Namur, Grandgagnage.
FOYON, *m*. wallon, Grandgagnage; Ardennes, Tarbé.
FOUAN *m*. wallon, Sigart; Rouchi, Grangagnage, Hécart, Vermesse.
FOUON, *m*. Suisse romande, Bridel.
FIAN, *m*. Saint-Amé, Thiriat.

5.— Parce qu'elle pousse la terre hors de ses galeries, la taupe est appelée :

BOUSSOU, *m*. Besançon, Dartois.
BOUSSOT, *m*. id. id.
BOUSSEROT, *m*. id. id.
BOUSSERAN, *m*. id. id.

(A Besançon comme dans le Pays messin, *bousser* signifie *pousser.*)

6.— On a cru longtemps que la taupe passait l'hiver à dormir comme certains autres mammifères; c'est une erreur; elle est très-active à cette époque, seulement elle s'enfonce profondément en terre et on ne voit pas alors à la surface les preuves de son activité.

C'est à cette croyance qu'est dû son nom de :

DORMIOUÉ, *m.* Bouches-du-Rhône, Villeneuve.

7.— On l'appelle encore :

GARRI, provençal, *Revue des langues romanes*, 1er vol., p. 324.

C'est un nom que l'on donne plus habituellement au rat.

8.— Je trouve aussi pour la désigner deux formes que je ne puis expliquer.

SIEU, Courtisols (Marne), *Mémoires de la Société des Antiquaires*, t. VI.
MOUTRIGNIE, *m.* Montbéliard, Sahler.

9.— Ducange donne comme synonyme de taupe :

WAUPE, sub verbo *talpis*.

Ce mot donne l'étymologie de *gaupe*, = coquine, méchante femme.

10. — L'amas de terre formé par les déblais de cet animal est appelé :

TAUPINÉE, TAUPINIÈRE, *f.*, français.
TALPINIERO, *f.* Toulouse, Poumarède.
TALPADO, *f.*, Tarn, Gary.
TAUPASSE, *f.* Poitou, Lalanne.
DERBOUNAIRA, DERBOUNEYRE, *f.* Suisse romande, Bridel, et Cornu Romania 1875 p. 242
FROUMOUCHE, FRIMOUCHE, *f.* Namur, Grandgagnage.
FOUMOUHE, *f.* Wallon, Grandgagnage.

MOUTÎRE, *f.* Doubs, Tissot.

MOUTRAYE, *f.* Pays messin, recueilli personnellement.

MURÊGNE, *f.* Pays messin, Jaclot.

MUTERNE. *f.* arrondissement d'Avesnes, Pierart, *Guide du touriste*, 1862, p. 360, et département del'Aisne, Brayer, IIe volume, p. 199.

11. — Les verbes.

ÉTAUPER, Centre, Jaubert.

ÉTAUPINER, français.

DÉMUTERNER, Aisne, Brayer, IIe vol, p. 199,

signifient: enlever les taupinières, niveler le sol où il s'en trouve.

12.—On appelle le piége à prendre les taupes:

TAUPIÈRE, *f.* français.

TAUPIER, *m.* Saintonge, Jônain.

TAUPURE, *f.* Lyon, Molard.

13.—On appelle celui qui fait métier de prendre les taupes :

TAUPIER, *m.* français.

TAULPETIER, *m.* français du XVIe s. Cotgrave.

TALPIÉ, *m.* Toulouse, Poumarède.

14.—La taupe est très noire, aussi dit-on :

Noir comme une taupe.

Nègre c'me in taupat. Saintonge, Jônain.

Nai c'on derbon. Suisse romande, Bridel.

En Normandie, le mot *taôpin*, signifie noir, Le Héricher. On trouve dans le *Dictionnaire comique* de Le Roux, 1787: « *Taupine* = noire de visage, brunette et basanée, qui a le visage hâlé du soleil. »

15.— Quand l'on meurt, on va sous terre rejoindre les taupes; de là les expressions :

Aller dans le royaume des taupes.

Envoyer cacher à teupes. = faire mourir. Picardie, Corblet.

Aller à taupes-jouque. = mourir. Pays de Bray, Decorde.

Fouïr aux taupes. = mourir. XVIe s. Cotgrave.

« On dit d'une personne, *qu'elle est où la taupe juche*, pour dire qu'elle est morte et enterrée. » *Dict. de Trévoux.*

16. — On dit d'une personne *qu'elle ne voit pas plus clair qu'une taupe*, parce que celle-ci est généralement regardée comme privée de la vue, ou au moins comme l'ayant très-faible. En réalité, elle a les yeux très-petits et à moitié cachés.

17.— On dit ironiquement:

Servir comme une taupe dans un pré.

La taupe y est très-nuisible.

18. — Les preneurs de taupes sont assez habiles pour tuer d'un coup de bêche celles que l'on voit remuer la terre ; dans ce cas, ils observent le plus profond silence et n'avancent qu'avec précaution, car ces animaux ont l'ouïe très-fine; de là, l'expression proverbiale :

Il va doux comme un preneur de taupes.

19. — Les preneurs de taupes, comme les pêcheurs et les chasseurs, passent pour promettre plus qu'ils ne tiennent; comme eux ils ont de bonnes défaites pour expliquer leur insuccès. De là le, dicton:

Un chasseur, un pêcheur et un preneur de taupes
Feraient de beaux coups sans les fautes.
Dict. de Leroux, 1787.

20.— Les taupes qui s'enfoncent profondément sous terre, pendant les rigueurs de l'hiver, reviennent travailler à la surface aussitôt que la chaleur revient; de là, le dicton:

«Les taupes poussent, le dégel n'est pas loin. » BUFFON.t. II p. 248.

II.

1.— C'est un préjugé assez répandu de croire la taupe aveugle.

A ce propos, M. de Norguet cite un proverbe breton, dont il ne dit malheureusement pas la provenance :

Si taupe voyait
Si sourd [1] entendait
Le monde finirait.

Ce qui signifie que ses ravages seraient bien plus considérables si elle pouvait voir.

2.— Un animal qui a de si bonnes dents pour ronger tout ce qui lui fait obstacle sous terre, doit selon la manière de raisonner du peuple, avoir infailliblement une influence sur celles de l'homme :

« Pour se préserver du mal de dents, on doit tenir un crapaud mort dans sa poche ou les deux pattes de derrière d'une taupe. » — *Marseille. (*Regis de la Colombière, p. 268.)

« La dentition des enfants se passe sans inconvénient si on leur met autour du cou un collier de pattes de taupes. » (idem.)

« Pour favoriser la dentition des enfants on attache à leur cou des colliers de peau de taupe. » (*Norm.,* Pluquet, p. 45).

« Pour combattre les accidents que détermine la dentition chez les enfants, on leur suspend au cou une dent de loup ou trois pattes de taupes. » (*Centre,* Laisnel de la Salle, t. I, p. 297.)

« Pour préserver les enfants des convulsions qu'amène la dentition, autrefois on avait imaginé de leur appliquer sur la tête, une peau de taupe façonnée en calotte.» (Gayot, vol. II, p. 127.)

3. —A certain jour de la lune, on étouffe une taupe dans la main. Dès lors *la main est taupée* et peut guérir certaines maladies. » *Normandie*, Pluquet, p. 45.

« Une taupe étouffée vivante dans la main entre les deux Notre-Dame d'août et de septembre est un très bon fébrifuge et le fé-

[1] Sourd = Salamandre.

bricitant guéri devient à son tour guérisseur; cette suffocation de la taupe donne à sa main la vertu, en l'apposant seulement sur la partie malade, d'apaiser la douleur de dents et de guérir écrouelles et cancers. » Cadet de Vaux, *De la Taupe*, 1803.

« Pour *panser du venin*, il faut avoir étouffé trois taupes dans sa main gauche et savoir certains mots de cabale pratique dont le secret consiste dans une combinaison particulière de paroles ordinairement tirées de l'Ecriture sainte. » (*Centre*, Laisnel de la Salle, t. I, p. 297).

« La vertaupe est une affection très-connue dans quelques contrées du Berry. On appelle ordinairement de ce nom, tantôt un engorgement glanduleux, tantôt une douleur rhumatismale, tantôt un abcès froid. La vertaupe produit l'effet de taupes qui *boutent*, (poussent) dans l'endroit douloureux. Pour guérir cette maladie, il faut laisser presser la partie malade en plusieurs sens par une personne à laquelle dans son enfance, on a fait étouffer sept taupes avant qu'elle ait mangé de la soupe à la graisse. Nos paysans admettent sept espèces de taupes et par contre sept variétés de la maladie qu'ils désignent sous le nom de *vertaupe*. L'enfant, par exemple, qui n'aurait étouffé que trois ou quatre taupes de différentes espèces ne pourrait guérir que trois ou quatre variétés de la maladie. » *Centre*, Laisnel de la Salle, t. 1, p. 298.

4. — Il serait fastidieux d'énumérer tout ce que l'on guérit encore, au moyen de la taupe, de son foie, de sa graisse, de son sang.

Ajoutons seulement qu'un os de taupe que l'on porte en tous temps sous l'aisselle gauche préserve des maléfices. (Voyez Laisnel de la Salle, t. I, p. 284.)

5. — Dans le pays messin, on voit un présage de mort dans les taupinières qui s'élèvent près des maisons. (Recueilli personnellement.)

6. — Voici selon une légende anglaise l'origine de la taupe :

« Il y avait une fois une femme si orgueilleuse que Dieu ne put la tolérer sur la face de la terre, il la transforma en taupe et la condamna à vivre sous terre. Voilà l'origine de la première taupe.

Cette histoire est très vraie, et la preuve en est que cette bête à des mains et des pieds tout comme un chrétien. » (*Notes and queries* 1re série, t. V, p. 534.)

ERINACEUS EUROPÆUS. L.

LE HÉRISSON.

I.

1. — Du lat. *ericium*, viennent :

ERIS, *m.* Tarn, Gary.
ARIS, *m.* Nice, Risso.

Cf. **Rizza**, sicilien. — **Riz**, Ladin du Frioul.

2. — D'une forme amplifiée **ericionem* :

ERIÇON, *m.* anc. français.
HÉRISSON, *m.* français.
ERISSO, *m.* anc. provençal, Raynouard.
HERISSO, *m.* anc. provençal, Raynouard.
HIRISSO, *m.* anc. provençal, Raynouard.
LERISSON, *m.* Jura, Ogérien.
ERISSOU, *m.* catalan des Pyrénées-Orientales, Companyo.
HÉRICHON, *m.* picard, Marcotte; normand, Chesnon.
LUREÇON, *m.* wallon, Grandgagnage.
IÈRESON, *m.* Namur, Grandgagnage.
NIÈRESON, *m.* Namur, Grandgagnage.
ERUCHON, *m.* Bresse Châlonnaise, Guillemin.
EURUSSON, *m.* Dauphiné, Champollion-Figeac.
ERUÇ-HON, *m.* Montrêt, Gaspard.
HYRREÇON, *m.* anc. français, Scheler, Gloses de Lille.
IREÇON, *m.* anc. français, Diez.
IRESON, URESON, *m.* wallon, Cambrésier.
IRECHON, *m.* Gruyère, Cornu, *Romania*, 1875, p. 244.
URECHON, *m.* wallon-montois, Sigart.
EURSON, *m.* Pays messin, recueilli personnellement; Suisse romande, Bridel.
OEURSON, *m.* Ban de la Roche, Oberlin.

LEURSON, *m.* wallon, Deby.
EIRCHON, *m.* Château d'Œx (Suisse), Bridel.
IRCHON, *m.* rouchi, Hécart; wallon-montois, Sigart.
HIRSON, *m.* Meuse, Cordier.
HIRCHON, *m.* rouchi, Hécart; Lille, Norguet.
HEURSON, *m.* Orbey, Gérard, *Les Mammifères de l'Alsace,* p. 138.
HURSON, *m.* Saint-Amé, Thiriat.
URSON, *m.* Montbéliard, Sahler.
OURSON, *m.* Pays messin, recueilli personnellement.
URCHON, HURCHON, *m.* rouchi, Hécart.

Dans un grand nombre des mots de cette liste, on remarquera trois consonnes prosthétiques *h, l, n,* qui n'ont rien à faire avec l'étymologie. En voici l'origine :

1° *h* se met fréquemment en franç. au commencement d'un mot commençant par une voyelle.

2° *l* est l'article soudé au mot, fait très-fréquent dans les patois et dont nous verrons nombre d'exemples, par la suite.

3° *n* est le reste de l'article indéterminé *un,* également soudé au mot.)

Cf. **Riccio**, italien. — **Risseu**, Gênes, Descriz. — **Rizzu**, Sardaigne, Azuni, 2e vol., p. 51. — **Erizo**, espagnol. — **Ericio**, **Ouriço**, portugais. — **Heûreûchin**, breton armoricain, Taslé et Legonidec. — **Urchin**, anglais.

3. — Dans les Pyrénées-Orientales, on donne à cet animal le nom de :

PALLUC DE CASTANYA, catalan des Pyrénées-Orientales, Companyo.

4. — D'*ericium* et d'*ericionem*, viennent les verbes :

HÉRISSER, français.
ERISSAR, provençal.
HERISSONNER, français, Cotgrave.

Cf. italien **Arricciare**, et esp. **Erizar**.

5.— C'est dire une injure à un enfant, que de l'appeler :

JANE D'EURSON, *m.*, (c.-à-d. enfant de hérisson,) Pays messin. Recueilli personnellement.

Cf. L'angl. **urchin**, dans le sens de **polisson**, **gamin**.

6. — On trouve dans Cotgrave le proverbe suivant :

Parez l'hérisson, il semblera baron.

II

1. — On accuse le hérisson, de détruire la santé des vaches, de les tetter, de les faire avorter, et après le port d'empêcher la délivrance de sortir. — Si on rencontre cet animal, on le brûle à petit feu. (Ille-et-Vilaine; *Bull. de la Soc. prot. des Anim.*, t. v, p. 324.)

2. — Dans le département de la Marne, on croit que les hérissons mangent les petits enfants dans le berceau.

Communication verbale de M. Gaston Paris.

SOREX ARANEUS. L.

LA MUSARAIGNE.

I.

1. —Nous trouvons le mot latin *Sorex* avec le sens de musaraigne qu'il avait dans l'antiquité, dans :

SERI, Montbéliard, Sahler; Montrêt, Gaspard.
SOURI, SRI, Saint-Amé, Thiriat.

2. — Du latin *musaraneus* et d'une forme populaire féminine *musaranea* viennent les mots suivants :

MUSARAIN, *m.* anc. français, Buffon.
MUSARAIGNE, *f.* français.
MUSERAIGNE, *f.* français, Buffon.
MESERAIGNE, *f.* anc. français, Bauhin.
MUSERAIGNO, *f.* Gers, Cénac-Montaut.
MESIRAIGNE, *f.* Norm., Dubois et Travers.
MESIRAGNE, *f.* id. id.

MUSERAGNE, *f.* Poitou, Lalanne.
MUSERIGNE, *f.* id. id.
MES'RÈGNE, *f.* Pays messin, recueilli personnellement.
MESÈGNE, *f.* id. id.
MES'GNATTE, *f.* id. id.
MISÉRENNE, *f.* Normandie, Chesnon.
MISERAINE, *f.* Valognes, Le Héricher.

Le mot latin *musaraneus* vient de ce que l'on a cru la morsure de cette espèce de souris aussi venimeuse que la prétendue piqûre de l'araignée. La forme suivante est due à la même croyance :

SOURIS ARAIGNEUSE, *f.* anc. français, Cotgr.

Cependant cette dernière expression pourrait venir de ce qu'on a pu lui attribuer la vertu de détruire les araignées ?

Cf. **Toparagno,** italien. — **Musaraña,** espagnol. — **Murgaño,** espagnol, Nemnich. — **Musgaño,** portugais, Nemnich.

3. — Les formes suivantes viennent du latin *mus* avec les suffixes diminutifs, *et*, *ette*, *erette* :

MUSET, *m.* anc. français, Cotgrave.
MOUSET, *m.* Jura, Ogérien; Suisse, Fatio; Jorat, Razoumowski.
MUSETTE, *f.* anc. français, Cotgrave; pays de Bray, Decorde ; Bayeux, Le Héricher; Picardie, Marcotte; Anjou, Millet; Jura, Ogérien; Aube, Ray.
MASETTE, *f.* Jura, Ogérien.
MESIRETTE, *f.* normand, Travers et Dubois ; Pont-Audemer, Vasnier.
MISERETTE, *f.* wallon, Grandgagnage ; — Normand, Chesnon, Travers et Dubois.
MISERITTE, *f.* Anjou, Millet.

Je vois aussi des diminutifs de *mus*, dans :

MUSUETTE, *f.* wallon, Grandgagnage.
MISUETTE, *f.* id. id.
MISOUETTE, *f.* wallon, Sélys Longchamps , Deby.
MISOITTE, *f.* wallon, Grandgagnage, Deby.

4. — A cause de son long museau, on l'appelle *rat au museau pointu*, *museau pointu* et *museau en forme de trompette* :

RAT D'AOU MOURÊ POUNCHU, *m*. Gard, Crespon.
MOURÊ POUNCHU, *m*. id. id.
MOURRU DE TRUMPETE, *m*. catalan des Pyrénées-Orientales, Companyo.

Les mots *mourë*, *mourru* sont dérivés de *morsus* = *museau*.

Cf. **Morro**, (esp.) = **museau, mufle.** (Voyez Scheler, Littré au mot **museau.**

5. — A Nice, on l'appelle *souris des champs* par opposition à la *souris des maisons*; à Marseille, on la confond avec la souris sous le nom de *rato* :

GARRI DE CAMPAGNA, Nice, Risso.
RATO, Marseille, Villeneuve.

6. — Je déclare ne pas trouver l'étymologie des noms suivants de la musaraigne :

CHIPROULE, wallon, Grandgagnage.
MOINNOTTE, Meuse, Cordier.
MUNOTTE, id. id.
PICRUELE, rouchi, Hécart.
RAT MÉGE, Centre, Jaubert.
SIMON, Isère, Charvet.

On croit la morsure de cet animal venimeuse ; est-ce un préjugé, est-ce une réalité, la chose n'est pas encore élucidée.

SOREX FODIENS. GMELIN.

LA MUSARAIGNE D'EAU.

1. RATTE D'EAU, Suisse rom., Fatio.
RETTE D'AUVE, Saint-Amé, Thiriat.

MUS RATTUS. L.

LE RAT.

I.

1. — « On ne sait pas positivement d'où le rat est originaire ; ce qui est certain, c'est qu'il était inconnu aux anciens et qu'il n'est parvenu en Europe que depuis le moyen-âge... On peut supposer que sa patrie était la Syrie et qu'il nous est venu au temps des Croisades. » — SÉLYS LONGCH., *Etudes de Micromammalogie*, Paris, 1839, p. 59.

Ses noms :

RAT, *m.* français, provençal; Gruyère, Cornu.
RAIT, *m.* Franche-Comté; Bourgogne ; Pays messin.
ROT, *m.* Picardie.
ARRAT, *m.* (avec *a* prosth. pour faciliter la pron. de *r* initial), Gers, Abadie, Cénac-Montaut.
RATA, *f.* catalan des Pyrénées-Orientales, Companyo.
RATE, *f.* Flandre, Vermesse ; Jura, Monnier ; Langres, Mulson; Lille, Norguet.

sont dérivés de l'anc. haut-allemand *rato*.

Cf. **Ratto**, ital. — **Rato**, espagnol. — **Ræt**, anglo-saxon. — **Rat**, anglais. — **Ratta**, anc. bas-allemand. — **Ratte**, allemand. — **Ratze**, **Ratz**, allemand. — **Rattenmaus**, allemand. — **Rot**, hollandais. — **Raz**, **rah**, breton armoricain, Taslé.

2. — On l'appelle aussi :

LAÎE *m.* Ban de la Roche, Oberlin.
LOEE, *m.* id. id.
LO, *m.* id. id.
LA, *m.* Saint-Amé, Thiriat.
LAU, *m.* Le Tholy, id.

Ces mots viennent peut-être de *glirem*, qui semble désigner d'une façon générale les genres *mus* et *myoxus*.

Son nom provençal

GARRI, provençal; Bouches-du-Rhône, Villeneuve; Nice, Risso; Var, dép. du Var, grand in-folio de 104 p.

pourrait avoir la même origine.

3. — Par comparaison avec les autres rats moins noirs que lui, on l'appelle :

RAT NOIR, français.
RAT CHARBONNIER, Centre, Jaubert.

4. — On appelle les petits rats :

RATON, *m.* français.
RATELOT, *m.* Flandres, Vermesse.

5. — Dérivés du mot rat :

RATER, prendre les rats, centre, Jaubert.
RATÉ, mangé par les rats, français.
RATÉ (ODEUR DE), odeur propre aux rats, aux souris, Centre, Jaubert.
RATONNER se dit des rats qui font du bruit, Centre, Jaubert.
RATONNÉ, rongé par les rats. id.
RATIN (LE), la famille des rats, des souris, etc., Poitou, Lalanne.
RATELER, chasser les rats et les souris comme la chouette, Cotgrave.

Le piége dont on se sert pour prendre les rats, se nomme :

RATIÈRE, *f.* français.
RATOUÊRE, *f.* français, Cotgrave.
RATOUÈRE, *f.* Poitou, Lalanne.
RAITORE, *f.* Bourgogne.
RATOIRE, *f.* français, Cotgrave.
RATOIR, *m.* id. id.

6. — On dit proverbialement :

Etre comme un rat en paille,

c'est-à-dire avoir toutes ses aises.

7. — Etre baigné comme un rat. *Haute-Loire*, *Pommier.*

c'est-à-dire être trempé, parce que, sans doute, le pelage du rat, soumis à l'influence de l'eau, s'en imbibe fortement.

8. — Puer comme un rat mort.

9. — S'ennuyer comme un rat mort.

10. — Il y a toujours plus de chats que de rats.

SOLAND, p. 106.

11. — De la maison du chat,
N'est jamais saoul le rat. id. p. 88.

12. — Chats et chatons,
Chassent rats et ratons. id. p. 81.

13. — Beaucoup sait le rat,
Mais encore plus le chat. id. p. 76.

14. — Au paresseux laboureur,
Les rats mangent le meilleur.

L'Anabaptiste, almanach, p. 1813, Belfort.

II.

1. — « On croit fermement que les rats ou souris que l'on fait manger le soir en fricassée aux enfants qui arrosent leur lit la nuit, les guérissent de cette infirmité. » Marseille, Regis de la Colombière, p. 265.

2. — Un sorcier peut faire contre celui qu'il n'aime pas

un envoi de *rats de campagne* qui assiégent sa maison où ils font beaucoup de dégât. Le meilleur moyen de les chasser est d'user de quelque recette pour les envoyer dans une autre maison.

(*Annuaire de la Manche*, 1832, p. 227.)

3. — Pour que les rats ne mangent pas le raisin,
Il faut tailler la treille le vendredi saint.

(Ain, *Statistique générale de la France.*)

4. — Quand les rats, les souris, les mulots, les taupes, etc., font des dégâts dans les maisons ou dans les champs, on use d'exorcismes, de formules, de cérémonies, non pour les exterminer, car on ne doit pas toucher à la vie de ces animaux, qui après tout sont les créatures de Dieu, mais pour leur faire quitter le lieu de leurs déprédations, en un mot, *pour qu'ils aillent se faire pendre ailleurs.*

Exorcismes contre les rats, souris, mulots, taupes.

Dans les Ardennes, on emploie les formules suivantes.

« Il suffit d'écrire sur de petits billets de papier neuf les mots suivants : « Rats et rates, vous qui avez mangé le cœur de sainte « Gertrude, je vous conjure en son nom de vous en aller dans la plaine « de Rocroi. » On place ces billets dans les trous où passent les rats, en ayant soin d'enduire de graisse ou de beurre les morceaux de papier dont on fait de petites boulettes sans doute empoisonnées. Une autre formule d'exorcisme écrite de même sur des billets est celle-ci : « Rats et rates, au nom du grand Dieu vivant, de la bienheureuse Sainte Vierge et de la bienheureuse Sainte Gertrude, je vous conjure de sortir d'ici et de vous en aller dans les bois. Rats et rates souvenez-vous de Sainte Gertrude ». À la Neuville de Moer, on frappe avec une dent de herse trouvée par hasard sur un instrument de cuisine en tôle ou en cuivre et l'on prononce en même temps les phrases suivantes : « Bassinez les rats! bassinez les rats! va-t-en à..... (on désigne l'endroit); il y a un pont pour passer ».

(Sud des Ardennes, *Revue des sociétés savantes*, 1872, 2e semestre, p. 132. Communicat. de M. Nozot.)

M. Tarbé cite un autre exorcisme des Ardennes, tiré de la collection de ce même M. Nozot :

Rats et rates, souviens-toi
Que c'est aujourd'hui la Saint-Nicaise.
Tu partiras de chez moi
Sans attendre ton aise
Pour aller à . . . en poste
Tu t'en iras trois par trois.

On devait écrire cette formule sur autant de feuilles de papier qu'il y avait d'endroits ravagés par les rats, nommer la personne qui les chassait, désigner l'endroit où on les envoyait, ordonner le défilé par nombre impair 3, 5 ou 7. Si, pour aller au lieu où on les expédiait, il fallait passer un cours d'eau, il était nécessaire d'y placer une planche en guise de pont. Enfin on devait réciter cinq *pater* et cinq *ave*. Au bout de neuf jours les rats avaient quitté la maison. (Tarbé, *Romancero de Champagne*, 2e vol. p. 74).

M. Tarbé donne les exorcismes suivants, comme étant ou ayant été employés en Champagne :

Rats et rates, souviens toi de la mort et martyre de sainte Gertrude, tu partiras deux par deux et par un, pour aller à. . . .

Autre :

Rats et rates je vous conjure
Au nom du grand Dieu vivant
Et en celui de sainte Gertrude
D'aller à . . . .

Autre :

Rats et rates qui avez mangé le cœur de saint Estricque, je vous conjure en son nom de vous en aller à . . . . . .

Autre :

Rat, roi des rats,
De la Saint-Nicaise
Te souviendras.

Va-t-en, va-t-en
Sans attendre ton aise
Dirige-toi sur. . .
Et ne reviens plus.

Pour chasser les souris, on écrivait sur quatre morceaux de papier, cette formule: « *ubi ceciderunt qui operant iniquitates, expulsi sunt nec potuerunt stare.* » On les plaçait aux quatre coins de la pièce ravagée, puis on y jetait de l'eau bénite en disant: *Asperges me, Domine*, etc.
(TARBÉ, *Romancero de Champagne*, 2e vol., p. 74 et 75.)

En Seine-et-Marne, on se débarasse ainsi des mulots: Il faut ramasser la dent d'une herse cassée par hasard et la mettre dans une carrière ou un marécage. Ils s'y rendent dès qu'on aura dit:

Sainte Chassetruble
Chassez le mulot qui truble
Champ, meule et grenier;
Qu'il suive la dent de harse
Cassée dans les champs, éparse
Qu'il aille périr ou se noyer.

Dans quelques communes des Ardennes on croit aussi au pouvoir de la dent de herse brisée de même par hasard. Il faut, entre onze heures et minuit, en frapper des coups rapide sur une pelle, en faisant trois fois le tour du bâtiment ravagé par les rats. La formule suivante est de rigueur.

« Rats et rates, je vous conjure de la part du grand Dieu vivant de sortir de cette demeure et d'aller prendre résidence à . . . .

Dans les départements de l'Yonne, de l'Aube, de la Marne, on prononçait les exorcismes suivants en parcourant les champs le 1er dimanche de carême, des torches allumées à la main:

Sortez, sortez d'ici mulots!
Ou je vais vous brûler les crocs!

Quittez, quittez ces blés!
Allez vous trouverez
Dans la cave du curé
Plus à boire qu'à manger,

Ou bien :

Taupes et mulots
Sortez de l'enclos!
Allez chez le curé
Beurre et lait
Vous y trouverez
Tout à planté.
(TARBÉ, *Romancero de Champagne*, 2e vol., p. 78).

Dans quelques cantons du Berry, pendant la fête des Brandons, on chante en chœur et à tue-tête le couplet suivant :

Saillez (sortez) d'élà, saillez, mulots!
Ou j'allons vous brûler les crocs;
Laissez pousser nos blés,
Courez cheux les curés,
Dans leurs caves, vous aurez,
A boire autant qu'à manger.
LAISNEL DE LA SALLE, t. 1, p. 37.

(Voyez encore Melle Bosquet, *Normandie merveilleuse*. p. 296.)

A Nivelles, on honore encore aujourd'hui sainte Gertrude comme patronne contre les rats et les souris. De même qu'en Allemagne, la terre du tombeau de saint Ulric, à Augsbourg, passait pour chasser tous les rats on regardait autrefois en Belgique les eaux du puits qui se trouve dans la crypte de l'église de sainte Gertrude, à Nivelles, comme douées d'une vertu pareille, et de tous côtés, les campagnards y affluaient pour chercher de cette eau, dont ils aspergeaient leurs habitations et leurs champs, dans l'intention d'en chasser les rats et les souris.

(Reinsberg-Düringsfeld, *Légendes et traditions*, v. 1, p. 171.)

Saint Nicaise chasse les souris de la maison, lorsque le jour de sa fête (14 décembre), on inscrit son nom sur la porte. (id. t. II, p. 313.)

Le 23 juin, veille de la saint Jean, à Lucé (Eure-et-Loir) avant le lever du soleil, on puise de l'eau à une mare, on en asperge les tasseries des granges et par ce moyen, on les préserve du *verminier* (ce qui comprend les rats et les souris). On garde cette eau en bouteille, pour réitérer au besoin l'emploi de ce procédé, et l'on remarque que cette eau se garde incorruptible pendant un an.

A. S. Morin, *Le Prêtre et le Sorcier*, p. 180.

En Ecosse, quand on est infecté de souris et de rats, on leur enjoint d'avoir à vider les lieux, par une affiche placardée au mur, où il est écrit:

Ratton and mouse,
Lea' the puir woman's house;
Gang awa' owre by to 'e mill,
And there ane and a' ye 'll get your fill.

Chambers, p. 339.

MUS DECUMANUS. Pallas.

LE SURMULOT.

I.

1. — « Le surmulot est la plus grande espèce de rat d'Europe; il est indigène de l'Inde et de la Perse et s'est introduit en Angleterre et en France vers 1730, importé par le commerce maritime... Il fréquente de préférence le bord des eaux, les égoûts des villes et des canaux d'où lui vient le faux nom de rat d'eau. » (Sélys Longchamps, *Micromammalogie*, p. 52.)

On l'appelle donc :

RAT D'EAU, français.
RAT D'AUWE, wallon, Selys-Longchamps.
RAT D'AIGO, Gard, Crespon.
RAT D'IAU, Centre, Jaubert,
RAT DELS FOSSATS, catalan des Pyrénées-Orientales,

Le nom de rat d'eau s'applique plus ordinairement à l'*Arvicola Amphibius*.

2. — Il est plus gros que le rat noir, de là le nom de :

GROSSE RATTE, *f.*, Lille, Norguet

Il ressemble au mulot mais il est bien plus gros, de là ce nom de formation relativement moderne :

SURMULOT, français.

c'est-à-dire, qui est au-dessus du mulot en grandeur.

Cf. Sobreturon esp. Nemn. (**de sobre=super** et de **turon=mulot** selon Nemnich.)

MUS MUSCULUS. L.

LA SOURIS.

I.

1. — Du lat. *sorex, soricem,* viennent :

SORIS, *f.* anc. français,
SORI, *m.* wallon.
SORI, Flandres, Vermesse; Rouchi, Hécart; wallon, Selys Longchamps.
SORITZ, *f.* provençal.
SURIZ, *f.* anc. français.
SORITTE. *f.* Mons, Vermesse; Centre, Jaubert.
SOURIS, *f.* français.
SOURIS, *m.* Centre, Jaubert.
SERI, *m.* Langres, Mulson.
SERI, Haute-Marne, Tarbé; Picard, Marcotte; Pays messin, recueilli personnellement.

SRI, *f*, Pays messin, recueilli personnellement.
SOUARIS, Tulle, Beronie.
SOUERI, normand, Le Héricher.

Cf. **Sorice, Sorce, Sorcio,** ital. — **Sorec, Sorga,** Brescia, **Nemnich.** — **Surgi,** sicilien. — **Sorze,** venitien. — **Sorece,** province de Naples, Costa. — **Sorce,** espagnol.

2. — D'une forme diminutive de *murem* dérivent :

MIRGO, *f*. Tarn, Gary.
MIRGUETO, *f*. Gers, Cénac Montaut.

La forme suivante se rattache aussi à *murem* :

MURENA, *f*. ancien provençal, Raynouard.

3. — Dans les mots suivants la souris est considérée comme étant la femelle du rat ou comme étant un rat en petit.

RATA, RATTA, *f*. Suisse romande, Bridel, Gruyère, Cornu.
RATTETTA, *f*. Suisse romande, Bridel.
RATO, *f*. Bouches-du-Rhône, Villeneuve; Var, Départ. du Var, gr. in-fol. de 104 p.
RAITTE, RETTE, *f*. pays messin, rec. pers. — Saint-Amé, Thiriat, — Montbéliard, Sahler.
RŒTTE, *f*. Ban de la Roche, Oberlin.
RATETA, *f*. Nice, Risso.
ROTOTE. *f*. Les Fourgs, Tissot.

Cf. **Raton** espagnol.

4. — De ses habitudes de rapine viennent les mots :

FURO, *m*. Gard, Crespon.
RAT FURET, *m*. catalan des Pyrénées-Orientales, Companyo.

5. — On lui applique aussi le nom suivant qui sert à désigner d'une façon générale les rats et les souris:

GARRI, provençal, Castor.

6. — La petite souris s'appelle :

SOURICEAU, *m.* français,
SOURICETTE, *f.* anc. fr. Littré.
SORISSEAU, *m.* anc. fr. Cotgrave.
SORISSON, *m.* anc. fr. Cotgrave.
SOURISSON, *m.* anc. fr. Cotgrave.
MIZUETTE, *f.* wallon, Grandgagnage.

L'instrument pour la prendre :

SOURICIÈRE, *f.* français.
SOUERICHIIRE, *f.* normand, Le Héricher.
SURKETTE, *f.* picard, Corblet.
CHURKETTE, *f.* rouchi, Hécart.
SURGETTE, Caen, Duméril.
SARKETTE, *f.* picard, Corblet.

8. — Autres dérivés du mot *soricem* :

SORISER, chasser aux souris, Cotgrave.
SOURICER, id. Normandie, Le Héricher.
SOURICIER, preneur de souris, Cotgrave.
SOURETIER, id. id.
SOURITÉ, rongé par les souris, qui a l'odeur de souris. Centre, Jaubert.
SOURIEN, qui aime à prendre les souris. Cotgrave.
VERMINE SOURICIÈRE, la gent des rats et des souris. Cotgrave.
SOURCIN, id. Haute-Normandie, Le Héricher.

9. — La souris est d'une couleur grise particulière que l'on appelle *gris de souris.*

10. — On dit proverbialement :

Chercher un nid de souris dans l'oreille d'un chat.

Ou :

Ce qui n'est ni ne peut être:
Nid de souris dans l'oreille d'un prêtre.
LEROUX.

11. — Proverbe :

Il ne faut qu'une souris pour faire peur au méchant.
REINSBERG DURINGSFELD, t. II, p. 188.

12. — On dit d'un enfant qui a de belles petites dents blanches, qu'il a *des dents de souris.*

HÉCART.

II.

1. — Proverbe :

La Montagne a enfanté une souris.

(Voir l'explication mythologique de ce proverbe dans Gubernatis, *Mythologie Zoologique*, trad. t. II, p. 69.)

2. — « Il ne faut point filer le jour de carême-prenant de peur que les souris ne mangent le fil tout le reste de l'année. » Thiers, t. I, p. 296.

3. — « Manger une souris guérit de la coqueluche ». *Normandie*, Pluquet.

ARVICOLA AMPHIBIUS. L.

LE RAT D'EAU.

I

1. — Cet animal vit sur le bord des rivières et des étangs; d'où ses noms de :

RAT D'EAU, *m.* français.
RAT D'AÏGUO, *m.* Gard, Crespon; Bouches-du-Rhône, Villeneuve.
RAT D'AYGUA, *m.* catalan des Pyrénées-Orientales, Companyo.
ARRAT AYGASSÉ, *m.* Gers, Cénac-Montaut.
GARRI D'AIGA, *m.* Bouches-du-Rhône, Villeneuve.
GARRI D'ÀIGO, *m.* Nice, Risso.

Cf. **Raz dour, Rah Deur,** breton armoricain, Taslé. — **Raton de agua**, espagnol.

2. — A cause de ses habitudes, et aussi par suite d'une certaine ressemblance, on l'a appelé *loutre* et *petite loutre* :

ROLLA [1], *f.* Jorat, Razoumowski.
ROLLETTA, *f.* Suisse romande, Bridel.

3. — On l'appelle encore:

RAT BUFOU, *m.* Tarn, Gary.
RAT BUFOT, *m.* catalan des Pyrénées-Orientales, Companyo.
RAT GRIOÛLE, *m.* Hérault, Marcel de Serres.
GARRI GRÉOU, *m.* Bouches-du-Rhône, Villeneuve ; Var, département du Var, gr. in-fol. de 104 p.

Cf. pour ces deux derniers noms l'article **Myoxus**.

MULOT, *m.* Genève, Fatio.
TAUPE GRISE, *f.* Suisse romande, Fatio.
RATTE, GROSSE RATTE, *f.* wallon, Selys Longchamps.

ARVICOLA ARVALIS. LACÉPÈDE.

LE CAMPAGNOL.

1. — On le confond habituellement avec le *Mus Sylvaticus.* Tandis que les rats et les souris fréquentent les habitations, le Campagnol vit dans les champs, de là ses noms:

GARRI DES CHAMPS, Bouches-du-Rhône, Villeneuve.
CAMPAGNOL [2], français.
RAT DES CHAMPS, français.
GARRI DE VIGNA, Nice, Risso.
PETIT RAT DES CHAMPS, français.
RETTE DES CHAMPS, Saint-Amé, Thiriat.
SOURIS DE TERRE, français.

[3] Cf. it. **Campagnuolo.**

2. — Il a la queue plus courte que le *Mus sylvaticus;* on l'appelle donc:

COURTE QUEUE.
MULOT COURTE QUEUE,
RATTE COUETTE, (Rat petite queue) Bourgogne, Buffon.

(1) **Rolla** signifie **loutre**.

(2) C'est Buffon qui a fait entrer ce mot dans la langue française: «Je l'appelle **Campagnol**, de son nom en italien, **Campagnoli** ». Vol. 2 p. 220 en note.

(3) **Topo terraiuolo**, ital. — **Raton campesino**, espagnol; **Campañol**, espagnol.

MUS SYLVATICUS. L.

LE MULOT.

1. — D'un radical *mul* (on trouve dans les Gloses de Reichenau *talpas = muli qui terram fodunt*), viennent les mots :

MULOT, *m.* français.
LUMOT, *m.* tourangeau, Brachet (par transposition des deux consonnes *m* et *l*.)

Cf. **Mol** (taupe) hollandais, -- **mole** (taupe) anglais.

2. — On lui donne quelquefois les mêmes noms qu'à la taupe :

TARPA, *f.* Suisse romande, Bridel.
TOPA, *f.* Suisse romande, Bridel.
DARBOU, *m.* provençal, Castor; Bouches-du-Rhône, Villeneuve.
NARBOUN, *m.* Bouches-du-Rhône, Villeneuve.

Je ne sais comment expliquer cette dernière forme qui semble être une corruption de *Darboun*.

3. — On lui donne aussi l'appellation de petite souris :

M'SET, *m.* Les Fourgs, Tissot.
MUSELOTTE, *f.* Yonne, Cornat.
MUJELOTTE, Yonne, Cornat.
MUSOT, *m.* Jura, Monnier.

4. — Il vit dans les champs et dans les bois ; par opposition aux rats et aux souris qui vivent dans les maisons, on l'appelle :

RAT DES CHAMPS.
RAT CAMPESTRE, catalan des Pyrénées-Orientales, Companyo.
FURO DEI CHAMPS, Gard, Crespon.
SOURIS DE TERRE.

(Voyez à l'article *Arvicola arvalis*.)

Cf. **Topo di campagne,** ital. — **Raton campesino,** espagnol.

5. — Pour le distinguer de l'*Arvicola arvalis*, qui a une queue courte, on l'appelle :

LONGUE QUEUE, *f.* fr.
RATTE A LONGUE QUEUE, *f.* fr.
RATTE A LA GRANDE QUEUE, *f.* Bourgogne.

6. — Le mulot procède par sauts, de là ses noms de :

RAT SAUTERELLE, *f.* fr. Buffon.
SAUTEUSE, *f.* Moselle, Holandre.
LEVRETTE, *f.* Suisse romande, Bridel.

7. — Le nom suivant du mulot, vient sans doute de ce que son corps est plus ramassé que celui des autres rats et souris :

RAT COURT, *m.* provençal, Castor.

Cf. Corton, espagnol, **Nemnich.**

8. — Je ne puis pas expliquer les noms suivants qu'il porte encore :

MERLOU, picard, Corblet.
MOUFFRETTE, *f.* Saint-Amé, Thiriat.
COURERÈSE, wallon, Grandgagnage.

9. — Dérivés du mot mulot :

MULOTER, chasser aux mulots, Cotgrave.
MULOTEUR, chasseur de mulots, Cotgrave.

10. — Les mulots font de grands dégâts dans les empouilles d'automne où ils coupent une quantité de tiges. Les plantes ainsi mutilées poussent d'autres tiges, mais le plus ordinairement ces rejetons n'arrivent pas à maturité. Ils donnent ce que en plusieurs localités les praticiens nomment des *verderons*. De là ce dicton :

Une souris dans champ de blé
Nuit plus que souris dans grenier.

GAYOT, t. Ier, p. 37.

11. — On dit proverbialement :

Endormir le mulot.

C'est-à-dire amuser quelqu'un pour le tromper.

Cette expression vient de ce que les oiseaux de proie très friands de mulots exécutent autour d'eux pour les fasciner et les prendre des cercles concentriques de plus en plus rapprochés.

MYOXUS (Genre) L.

I.

(Les noms qui suivent, s'appliquent également au *Myoxus glis*, au *Myoxus nitela* et au *Myoxus avellanarius.*)

1. — Du lat. *glirem*, viennent :

GLIRE, *m.* provençal.
GLAY, *m.* Anjou, Millet.
Cf. **Gliro**, Province de Naples, **Costa**.

2. — La prononciation du groupe *gl* étant trop difficile, le *g* est tombé:

LIRO, [*glirem*] Limousin, Chabaneau, *Revue des languss romanes*, t IV, p. 651.
LIRE, *m.* Berry, *Intermédiaire*, 10 déc. 1874 p. 697.
LOIR, *m.* français.
LOU, *m.* Haute-Saône, Percy-le-Grand, Dartois.
LÂ, *m.* Lorraine, *Intermédiaire*, 10 déc. 1874, p. 697.

Cf. **Lyr**, breton armoricain, **Taslé**.

3. — Ou bien c'est *l* qui est tombée:

GAI, *m.* [**girem*] Orbe (Suisse), Bridel.
GHEU, *m.* [**girem*] Suisse romande, Bridel.
GOU, *m.* [**girem*] Jura, Dartois, Ogérien et Toubin. — Châlons-sur-Saône, *Intermédiaire*, 1re année, p. 84.

Cf. **Ghi**, **Val-Soana**, **Nigra**, p. 10. — **Gi**, Génova, **Descriz.** — **Ghiro**, **italien**

4. — Un autre moyen de faciliter la prononciation de *gl* a été de transposer *r* et *l*.

RAT GRILL, *m*. [*Rattum *grilem*] catalan des Pyrénées-Orientales Companyo.

Cf. **Greul**, allemand, **Gessner**. — **Greuel** (1), **Rell**, **Rellmaus**, **Rollmaus**, allemand, Nemn. — **Rell**, **Rellmouse**, anglais, Nemn.

5. — Les noms suivants se rattachent probablement au mot *glirem*:

GARRI, *m*., provençal.
GARRI DE BOUESC, Var, département du Var, gr. in-fol. de 104 p.
GARRI D'AUBRE, *m*. Nice, Risso.
RAT GARIAU, *m*. Centre, Jaubert.
RAT GRIOULÉ, *m*. Tarn, Gary.
RAT GRIOÛLE, *m*. Hérault, Marcel de Serres.
RAT GRIEOURÉ, *m*. Provençal, Castor.
RAT GREOULE, *m*. Provençal, Dietz.
RAT CALHOL, *m*. Toulouse, Poumarède.
RAT CAYÉ, *m*. Gard, Crespon.

Rem. — Le mot prov. **garri** a une signification **très-générale**, **il signifie également**: **loir**, **rat**, **souris**, **musaraigne**.

Cf. **gaglieri**, **galieri**, Province de Naples, **Costa**.

6. — Le mot latin *glirem* avec le suffixe *onem* a donné les dérivés suivants:

GLIRON, *m*. anc. français, R. Estienne, *la Maison Rustique*, 1582.
GLERON, *m*. anc. français, Scheler.
LIRON *m*. français.
ALIRON, *m*., [L'*a* prosthétique a été, je pense, annexé par la difficulté qu'on avait de prononcer *gliron*.] Poitou, Lalanne.
RAT LIRON, *m*. département de la Vienne, Lalanne; Chef Boutonne, Beauchet-Filleau.
RAT LURON, *m*. département de la Vienne, Lalanne.

Cf. **galero**, [=***galironem**], **gliero**, ital. **Buffon**; **liron**, espagnol.

(1) **Greuel**, pourrait signifier gris, nom qui convient à ces animaux, et ne pas venir de **glirem** (?)

7. — De leur couleur on appelle les Myoxus :

RAT GRIS, *m*, Isère, Charvet.
GRIS, *m*. Haute-Saône, Jura, Dartois.

8. — Les Myoxus dorment pendant toute la mauvaise saison; d'où leurs noms de :

RAT DORMANT, *m*. français.
RAT DORMEUR, *m*. Jura, Ogérien.
DROUMIANT, Jura, Ogérien.
DROUMIAN, *m*. Jorat, Razoumowski.
LOIR DORMANT, *m*. français.
LA DORMANT, *m*. français.
DORMITON, *m*. Normandie, Le Héricher, p. 289 du 2e vol.
RAT DORMIDOR, *m*. catalan des Pyrénées-Orientales, Companyo.
RAT GORD, *m*. [rat engourdi] Centre, Jaubert.
RAT GORDAU, *m*. id.
RAT-DOR, *m*. Bourgogne, Buffon.
RAITTE NEUNIÈRE, *f*. Montbéliard, Salher.

Cf. Dormouse, Sleeper Anglais. — **Schlafratze** allemand, **Nemnich**.

9. — On a assimilé ces animaux aux sept dormants de la légende :

SOT DOIRMANT, wallon, Selys Longchamps.

Cf. Siebenschläfer, allemand.

10. — On dit proverbialement :

Dormir comme un loir.
Paresseux comme un loir.

11. — Pour l'hiver cet animal fait ample provision de graisse ; on dit :

Gras comme un loir.

II.

1. — Le vulgaire croit que ces animaux dorment pendant sept ans de suite. (*Centre*, Jaubert.)

MYOXUS GLIS. L.

LE LOIR.

I.

Nous venons de voir les noms sous lesquels on confond les diverses espèces de Myoxus, voici maintenant ceux qui servent à les distinguer entre elles :

1. — Le Myoxus glis est particulièrement connu sous le nom de:

LOIR, *m.* français.

2. — Par sa queue à panache et la forme générale de son corps il ressemble à l'écureuil ; il en diffère en ce qu'il est gris.

ESQUIROOU GRIS, *m.* Bouches-du-Rhône, Villeneuve.
RAT ESQUIROL, *m.* catalan des Pyrénées-Orientales, Companyo

3. — Je ne comprends pas la forme:

MISSARRO, *f.*, Tarn, Gary.

4. — Il a de plus longs poils que les autres loirs et les autres rats.

RAT VELU, *m.* Cotgrave.
RAT VELE, *m.* vieux français, Buffon, t. II, p. 260, note.

MYOXUS NITELA. L.

LE LÉROT.

1. — De *glirem* avec le *suffixe ot* on a fait :

LÉROT, *m.* français.
RAT LÉROT, *m.* Pays de Bray, Decorde.

Cf. **Lerote,** Espagnol.

2. — Le Lérot fréquente les jardins et les vergers tandis que les autres Myoxus habitent les bois.

GARRI DE CAMPAGNA, *m.* Nice, Risso.
GARRI DE JARDIN, *m.* Bouches-du-Rhône, Villeneuve.
RAT DES VERGERS, *m.* Jura, Ogérien.

3. — De sa couleur rouge-brun il tire les noms de :

RAT BAYARD, *m.* Jura, Ogérien.
RAT BAILLOT, *m.* Pays de Bray, Decorde.

Le mot : *rat vairet* que M. Le Héricher dit être usité pour désigner une *espèce de mulot,* s'applique sans doute au lérot.

4. — Je n'explique pas les formes :

VOISIEU, *m.* Bourgogne, Buffon.
VOINSIEU, *m.* Bourg. Buffon.
RAT BOUDOT, *m.* Doubs, Buffon.
RAIT VOUTOT, *m.* Haute-Saône, Dartois.
RAT GOUDOT, *m.* Doubs, Dartois.
RAT VOUSIAU, *m.* Yonne, rec. personnellement.

MYOXUS AVELLANARIUS. L.

LE MUSCARDIN.

1. — Le l'ital. *Moscardino,* vient le mot :

MUSCARDIN, français.

2. — Le myoxus avellanarius est un grand mangeur de noix et de noisettes :

CROQUE NOIX, *m.* français.
CROQUE NOISETTE, *m.* français.
CRAHE NAWAY, *m.* wallon, Deby.

CROHE NEUHE, *m.* wallon, Deby.
CHROCHE NEUHETTE, *m.* wallon, Deby.
CREUQUE NEUSETTE, *m.* picard, Corblet.
MENGE BALLANES [1], catalan des Pyrénées-Orientales, Companyo.
CROPE NEUSE, *m.* wallon, Sélys Longchamps.

Cf. **Haselmaus** et **Nussbeisser**, allemand.

3. — De sa couleur, il tire les noms de :

RAT JAUNE, Jura, Ogérien.
RAT D'OR [2], Bourgogne, Buffon.

Cf. **Sorece rosso**, napolitain, **Costa**.

4. — On l'appelle encore :

CASTALAGNOU, *m.* Genève, Fatio.
MALAGNOU, *m.* Suisse romande, Bridel, Fatio.
MARAGNOU, *m.* Suisse romande, Bridel.
LA BRÂYÉ, *m.* Saint-Amé, Thiriat.
LIRRI, *m.* Nice, Risso.

URSUS ARCTOS. L.

L'OURS.

I

1. — Du lat. *ursus* viennent :

ORS, URS, *m.* ancien provençal, Raynouard.
OURS, *m.* français.
OS, *m.* catalan des Pyrénées-Orientales, Companyo.
OCHE, OUCHE, *m.* (prononcez OHH, OUHH) Ban de la Roche, Oberlin.

La femelle de l'ours est appelée:

ORSA, URSA, ancien provençal, Raynouard.
OURSE, français.

(1) Ballanes = noisettes.
(2) Ce mot est plus probablement une corruption pour **rat dort**; voyez plus haut.

Cf. Orso, m., italien, — **orsa**, (f.) italien, — **oso**, m., espagnol, — **osa** f. espagnol ; **urso**, portugais,

2. — Les petits ours portent le nom de :

ORSAT, *m.* anc. provençal, Raynouard.
OURSET, *m.* français, Cotgrave.
OURSEAU, *m.* français, Cotgrave.
OURSELET, *m.* français, Cotgrave.
OURSETEL, *m.* français, Littré.
OURSON, *m.* français.
OURSILLON, *m.* français, Cotgrave.

Cf. Orsachio, orsicello, ital. **Nemnich**. — **osillo, osesno**, espagnol, **Nemnich**. — **ursozinho**, portugais, **Nemnich**.

3. — Du mot *ursus* on a fait les adjectifs:

OURSAL, fr. Cotgrave.
OURSIN, URSIN, fr. Cotgrave.

4. — On dit d'un homme très-velu, *qu'il est velu comme un ours*, et on donne à celui qui a le menton couvert de poil, le sobriquet de:

BOUT D'OURS, département du Cher, Jaubert.

5. — «On dit d'une personne qui prend de l'embonpoint quoiqu'elle mange peu et se donne beaucoup de peine: «*Elle est de la nature de l'ours, elle ne maigrit pas pour pâtir.*» L'ours, disent les naturalistes, peut passer plusieurs semaines sans prendre de nourriture, car l'abondance de sa graisse, lui fait supporter l'abstinence, et vers le commencement de l'hiver, il se recèle dans sa bauge, d'où il ne sort qu'au bout de quarante jours, presque aussi gros qu'il y était entré.» QUITARD, 1842, p. 576.

II.

1. — C'est une erreur de croire que les petits oursons naissent informes et que la mère est obligée de les lécher pendant longtemps pour leur donner une tournure présentable.

2. — Le proverbe bien connu:

« Il ne faut pas vendre la peau de l'ours avant de l'avoir tué. »

se rattache à d'anciennes fables.

Dans quelques pays c'est d'une peau de renard qu'il s'agit.

3. — « C'est une superstition de croire qu'on n'est plus susceptible de la peur quand on est monté sur un ours. »

THIERS, t. 1, p. 388.

« La menue populace croit que pour n'estre pas sujet à la crainte, il faut avoir monté sur un ours. Les montreurs d'ours profitent de cette croyance et, moyennant rétribution, font monter sur leurs animaux tous les enfants de villages qu'ils traversent. »

FLEURY DE BELLINGEN, p. 57.

4. — La légende rapporte ainsi qu'il suit l'origine de l'ours :

« Do to qu'Diù hayoit dsu tierre, il n'y aout in homme qu'lo vloit faire dotè. Il se t'noit dære in buo et quo lo boun Diù paissoit, il é fait d'ains-là, *oche* (1). Mais note Sauveu li dehcù : te serés comme t'é fait, et valà comme lis oches so vnus au mône (2). »

Ban de la Roche, OBERLIN, p. 240.

Voici sur le même sujet ce qu'on raconte dans les Pyrénées :

« Dieu passa, un quidam grogna, Dieu le change en ours pour qu'il grogne à son aise. D'autres rapportent qu'un forgeron, fier de son art, frappa sur son enclume en présence de Notre Seigneur un fer rouge dont il fit voler jusqu'à lui les éclats. Dieu lui dit:

Ous bos esta et ous seras
En tout arbre púyeras
Sous qu'en hau nou pouderas.

(1) **Oche** signifie **ours** au Ban de la Roche. (Voir plus haut.)

(2) C'est-à-dire : Du temps que Dieu vivait sur la terre, un homme caché dans un bois voulut lui faire peur et cria brusquement **oche**, Dieu lui dit: Tu seras comme tu as dit : (oche = ours) et c'est comme cela que les ours sont venus au monde.

A quoi l'insolent répliqua:

Arringa lou que harey (1)

CORDIER, *Superstitions et Légendes des Pyrénées*, *Bulletin de la Société Ramond*, octobre 1867. p. 133 et 134.

5. — « Chevaucher sur un ours est un préservatif contre certaines affections. Placez un petit enfant sur l'échine de la bête, qu'elle marche et fasse neuf pas; reprenez-le aussitôt et il est exempt d'une gourme appelée le *mal de Saint Loup* et de l'epilepsie qu'on nomme le *mal de terre*.

CORDIER, *Sup. et Lég. des Pyr.*, *Bull. de la Soc. Ram.*, oct. 1867, p. 134.

6. — Les ours ont une grande prédilection pour les jeunes filles.

« Les ours enlèvent les jeunes filles dont ils ont des produits moitié hommes, moitié ours. »

CORDIER, *Sup. et Lég. des Pyr. Bull. de la Soc. Ram.*, oct. 1867, p. 133.

7. — L'ours reste-t-il engourdi pendant un temps déterminé, dans la mauvaise saison, c'est ce que je ne saurais dire. Ce qu'il y a de certain, c'est qu'on lui attribue quarante jours et quelquefois plus de repos absolu, en sus de celui qu'il vient déjà de prendre, lorsque le jour de la Chandeleur il sort de sa tanière et s'aperçoit qu'il fait beau.

« Le jour de la Chandeleur, si le soleil paraît avant midi, l'ours rentre dans sa tanière pendant quarante jours. »

(*Stat. de la Fr.*, t. XVI.)

« Le jour de la Chandeleur
Quand le soleil suit la bannière (2)
L'ours rentre dans sa tanière. »

Prov. de l'anc. Dauph. *Annuaire de la Soc. de l'Hist. de France*, 1848, cité par Leroux de Lincy.

(1) Ours tu veux être, ours tu seras, à tout arbre tu grimperas, hormis au hêtre. -- Eh bien je le déracinerai.

(2) La procession.

On lit dans le calendrier des bons laboureurs pour 1618.

« Le 2 février, jour de la Purification Notre-Dame qu'on nomme Chandeleur, on disait en bourguignon :

« Si fait beaux et luit Chandelours
Six semaines se cache l'ours. »

« Et la grande pronostication des laboureurs le rapporte ainsi :

« Selon les anciens le dit
Si le soleil clair luit
A la Chandeleur vous croirez
Qu'encor un hyver vous aurez.
Pourtant gardez bien votre foin
Car il vous sera de besoin.
Par cette règle se gouverne
L'ours retourné en sa caverne. »

Ce que maintenant il faut rapporter au 12 février et dire :

« Si le douxième de Février
Le soleil apparaît entier
L'ors étonné de sa lumière
Se va remettre en sa tanière
Et l'homme ménager prend soin
De faire resserrer son foin;
Car l'hyver tout ainsi que l'ours,
Séjourne aussi quarante jours. »
(Cité par Leroux de Lincy, t. 1, p. 96.)

« Si le jour de la Chandeleur, il pleut, il fera bon temps, s'il fait soleil, mauvais temps, d'où le proverbe :

« Que l'ours rit ou pleure ce jour-là. »
Ariége, *Statistique de la France*, t. XVI.

A la Chandeliero
Grand fret, grand neviero
L'ours sorté de sa taniéro
Fai très tours
Et rentro per quarante jours.

Voici la traduction qui est jointe à ce proverbe météréologique:

« A la Purification, grand froid, neige abondante *ou sinon* l'ours sort de sa tanière, fait quelques tours et rentre pour quarante jours.»

Hautes-Alpes, *Statistique de la France*, t. XVI.

Quond lou jour de lo Condelairo
L'ours souort de lo cabo
Per sept semonos s'encabo.

Rouergue, Duval p. 517.

c'est-à-dire quand le jour de la Chandeleur, l'ours sort de sa cave, il y rentre pour sept semaines.

La signification de ces proverbes, est que s'il fait trop beau temps vers le 12 février (1) (jour de la Chandeleur dans l'ancien calendrier) il y aura une recrudescence de froid qui durera une quarantaine de jours.

Il est probable que le rôle que joue l'ours dans ces prédictions est dû à la mythologie (2).

En Allemagne c'est le blaireau et non l'ours qui rentre dans sa tanière pour quarante jours.

URSUS MELES. L.

LE BLAIREAU.

I.

1. — On trouve dans les textes du VIIe et du VIIIe siècle les mots bas latin *taxus* et *taxo, taxonis,* dérivés du

(1) (C'est maintenant le 2 février.)

(2) L'ours représente ordinairement le brillant au sein des ténèbres. De Gubernatis, **Mythologie Zoologique**, t. 11, p. 118, trad. — Ici l'ours représenterait donc le beau temps, le soleil.

vieux haut allemand **thahs* forme hypothétique antérieure à *dahs*, allemand moderne *dachs*, d'où :

TAIS, *m.* provençal.
TAÏ, *m.* Gard, Crespon.
TAYS, *m.* Tarn, Gary.
TÂ-E, *m.* Velay, Haute-Auvergne, Deribier de Chessac.
TAISSON, *m.* français.
TAÏSSON, *m.* Tarentaise, Pont.
TAÏCHON, *m.* id. id.
TAIXO, *m.* (pron. *taïchou*) catalan des Pyrénées-Orientales, Companyo.
TEISSOUN, *m.* provençal, Castor.
TEISSOU, *m.* Creuse, Vincent.
TAISS'HON, *m.* Montrêt, Gaspard.
TÈCHON, *m.* messin, Littré.
TAHON, TAHHON, *m.* Ban de la Roche, Oberlin ; Saint-Amé, Thiriat; Pays messin, recueilli personnellement.
TACHON, *m.* Ardennes, Tarbé.
TACHOUN, *m.* Gers, Cénac Montaut.
TASSON, *m.* Jura, Ogérien, Monnier ; Canton de Vaud, Bridel ; Genève, Littré.
TÂCHON, *m.* Montbéliard, Sahler.
TAUSSON, *m.* français du XVIe siècle, Cotgrave.
TISSOOUN, *m.* La Camargue, Jacquemin, p. 154.

Cf. **Tasso** Italien. — **tascio**, Gênes, Descrizione. — **tejon**, Espagnol, **tasugo**, Espagnol. — **teixugo**, portugais. — **dachs**, **tachs**, **dachsbar**, Allemand, Nemnich. — **das**, néerlandais, Nemnich. — **tuëst**, Saxon, Bielz.

2. — Le terrier des blaireaux s'appelle :

TASSOUNAIRE, *f.* canton de Vaud, Bridel.
TACHOUÈRO, TACHOUNÈRO, *f.* Gers, Cénac Montaut.
TESSONIÈRE, *f.* Jura, Lequinio, 2e vol., p. 447.

De ce dernier mot vient par contraction *tanière*, repaire de bêtes fauves.

Remarque. — Peut-être pourrait-on rattacher à **taxonem** le mot **tocson** qui dans différents patois de la France et particulièrement dans le pays messin signifie homme grossier, mal appris.

Cf. **Brock** (blaireau) = **a person of dirty habits** dans le dialecte de **Banffshire, Walter Gregor,** sub verbo **brock.**

Cf. (pour la forme) **tausson** = blaireau dans Cotgrave.

Dans le Centre le mot *tesson* sert d'injure. JAUBERT.

3. — De sa couleur le Blaireau tire les noms de :

GRISARD, *m.* picard, Corblet, Marcotte ; — rouchi, Hécart ; français, Cotgrave.

Le gris sale est la couleur qui domine dans le poil de cet animal.

Cf. **Gray**, anglais.

4. — Son pelage est d'un gris brun en dessus, noir en dessous. On l'a appelé d'un nom qui, je le crois, signifie : *qui est de deux couleurs.* (1)

BEDOU, *m.* Avranches, Le Héricher.
BEDUAU, *m.* Anjou, Millet.
BEDOUAU, *m.* ancien français (dans une ordonnance d'Henri IV de 1600, selon Montesson.
BEDOUE, BEDOUË, *m.* Cotgrave.
BEDOUAL, (=petit blaireau), Cotgrave.
BEDOUAU, (=petit blaireau), Cotgrave.

Je donne cette étymologie sous toute réserve. Skinnerus d'après Charleton, p. 18, fait dériver le mot anglais *badger*, d'une forme française *bedouer*. Ce dernier mot avait-il autrefois le sens de blaireau ?

5. — Littré, Scheler, Brachet, sont d'accord pour voir dans le mot *blaireau*, un dérivé de *bladarellus*, diminutif de *bladarius*, (*marchand de blé*,) adjectif dérivé de *bladum*, blé. Le blaireau aurait été ainsi nommé, comme voleur ou destructeur de blé, ou comme accumulant des provisions de céréales dans son terrier.

Pour la forme, rien à objecter à cette étymologie, mais

(1) «Une des chenilles de l'orme est très-aisée à désigner, et elle m'a paru devoir être appelée la **bedaude**, parce que son habit est de deux couleurs.»
Réaumur, Mém. p. serv. à l'hist. des ins. 1734, p. 82.

Cf. aussi **corneille bedaude**, c.-à-d. la corneille mantelée, qui a deux couleurs.

pour le sens, on peut répondre que si cet animal mange quelquefois du blé (ou plutôt du maïs et du sarrazin) il n'en fait pas sa nourriture ordinaire et qu'en tout cas il est faux qu'il en fasse des provisions pour l'hiver, puisque passant cette saison complètement engourdi il n'en a pas besoin.

Il est possible que ce nom de blaireau vienne de ce qu'on a pu trouver une ressemblance entre la couleur de son pelage et celle d'un froment grisâtre. Celui-ci pourrait être, soit une espèce particulière, soit le résultat d'une maladie appelée *le noir des céréales.*

En effet on trouve dans Hécart, *Dict. de Rouchi :*

«GRISARD, GRISALE, = froment moins blanc qu'un autre.

En même temps, dans le même dialecte, grisard signifie *blaireau.*»

D'un autre côté, les mots *Blérie,* en Normandie, selon Nemnich, *Blary,* Seine-Inf. selon Lemetteil et *Blairie* à Saint-Valery, selon Corblet, désignent *la Foulque* (*Fulica atra*), oiseau aquatique d'un noir non très-pur qui ne se nourrit pas de blé. Ces noms ont peut-être un rapport avec lo mot *blaireau ?*

Quoiqu'il en soit, voici les différentes formes du mot :

BLÉREAU, BLAIREAU, *m.* français.
BLAREAU, *m.* français, Cotgrave ; Flandres, Vermesse.
BLARIAU, *m.* anc. français, Scheler, Lexicographie du XIIe et XIIIe siècle.
BLAIRIAU, *m.* Centre, Jaubert ; Flandres, Vermesse.
BLIERET, *m.* Normandie, Le Héricher, 2e vol., p. 257.
BLÉREL, *m.* Normandie, Le Héricher, id.

Cf. **Badger**, Anglais. (Pour **bladger** = **blatier**, selon Scheler.

6. — Probablement parce que le blaireau se défend vigoureusement contre les chiens, on lui a donné le nom de :

TUE-CHIEN, *m.* Forez, Noelas, légendes, p. 315.

7. — Cet animal porte encore les noms de :

RABAS, *m.* Bouches-du-Rhône, Villeneuve.
BR'GAU [1], *m.* Saintonge, Jônain.
SARVAGINA, *f.* Isère, Charvet.

8. — Les chasseurs et les paysans distinguent habituellement deux espèces de blaireaux; les uns, à ce qu'ils prétendent, ont le museau d'un chien, les autres le museau d'un cochon. Je ne sais pas si les naturalistes acceptent cette distinction.

TAIXO CANI, *m.* catalan des Pyrénées-Orientales, Companyo.
TAIXO PORQUI, *m.* id.
BLAIREAU A TÊTE DE COCHON, *m.* français.
BLAIREAU A TÊTE DE CHIEN, *m.* français.
TESSON CHIEN, *m.* Jura, Ogérien.
TESSON COCHON, id. id.

On voit communément aussi deux espèces dans les hérissons : *les hérissons à tête de chien, les hérissons à tête de porc.*

9. — Le Héricher, p. 227, 2e vol., cite ce dicton de Bayeux.

Pas de porte de châtel
Sans martre ni blérel.

10 — On dit proverbialement :

Puer comme un taisson.

Cet animal répand une odeur très-forte que les chiens ne perdent pas facilement.

11. — On dit proverbialement :

Sauvage comme un blaireau. *Chasse illustrée*, t. 1, p. 289.

On en dit autant de l'ours.

[1] M. Jônain ajoute : ainsi nommé à cause de sa couleur; alors **br'gau** doit signifier **gris** ou **bigarré**; en patois messin, **brigolé** = **bigarré**.

VIVERRA GENETTA. L.

LA GENETTE.

1. — Les noms suivants viennent, paraît-il, de l'arabe *djerneyth*. (Voyez *Journal asiatique*, juin 1859, p. 541.).

GENETTE, *f.* français.
JANETTA, *f.* catalan des Pyrénées-Orientales, Companyo.
ZENÉTO, Gard, Crespon.

Cf. **Gineta**, espagnol.

2. — On lui donne aussi le même nom qu'au putois, auquel elle ressemble :

CHAT PITOIS, *m.* Charente, Trémeau de Rochebrune.

FELIS CATUS. L.

LE CHAT SAUVAGE.

1. — Cet animal porte les noms de :

CAT FER, Provence, Risso, Darluc.
SAVAGE CHET, wallon, Selys Longchamps, Deby.
CHÈTTE SAUVÈGE, Saint-Amé, Thiriat.

MUSTELA VULGARIS. L.

LA BELETTE.

I.

1. — Les mots suivants viennent du latin *mustela* :

MUSTELA, *f.* catalan des Pyrénées-Orientales, Companyo.
MOUSTÉLA, *f.* Hérault, Marcel de Serres.
MOUSTELLA, *f.* Nice, Risso.
MOUSTELO, *f.* languedocien et provençal.
MOSTELA, *f.* anc. provençal, Raynouard.

MOUSTELLE, MOUSTELE, *f.* anc. français, Cotgrave; Scheler, lexic. du XIIe s. — au Bonhomme (Franche-Comté), Gérard.

MOUSTOILLE, MOUSTOILE, *f.* anc. français, Cotgrave, Scheler, Man. de Lille du XIIIe siècle.

MOSTÂLE, *f.* Le Tholy, Thiriat.

MOUTIALA, Livradois, Grivel, p. 63.

MOUSTIOLO, *f.* Ardèche, recueilli personnellement.

MOTELA, *f.* Isère, Charvet.

MOTALE, MOTÉLE, MOUETÈLE, *f.* Montbéliard, Dartois.

MOTÊLE, *f.* Saint-Amé, Thiriat.

MUTOÈLE, *f.* picard, Marcotte.

MUSSOÈLE, *f.* picard, Marcotte.

MOTLATTE, *f.* Ban de la Roche, Oberlin.

MOUSTIAVA, *f.* Velay, Haute-Auvergne, Deribier de Cheissac.

MOSTELON, (petite belette), anc. provençal, Raynouard.

Cf. **Mustella**, italien. — **mustela**, anc. espagnol, Raynouard. — **mustela, mostela**, catalan, Raynouard.

2. — A cause de sa propreté, de la gracieuseté et de la mignardise de ses formes et aussi à cause des vertus bienfaisantes que la légende lui attribue, on l'a appelée la belle, la jolie : (1)

BELE, *f.* ancien français.

BELETTE, *f.* français.

BLETTE, *f.* ancien français.

BELETO, *f.* limousin, Foucaud.

BELTOT' *f.* Les Fourgs, Tissot.

BALOTTE, *f.* Montrêt, Gaspard.

BERO-GA, (2) *f.* [= bellucam ?] Haute-Auvergne, Deribier de Cheissac.

POULIDO, *f.* languedocien, Sauvages; — Toulouse, Poumarède.

Cf. **Béllua**, Gênes, Descrizione. — **Béllora**, Milan, Diez. — **Beddula**, sarde, Diez. — **Bérola**, Côme, Diez. — **Benla**, Parme, Diez. — **Baddottula**, sicilien, Diez. — **Beleta**, espagnol, Diez. — **Fairy**, Polperro in Cornwal, Notes and Queries, 1re série. vol. X, p. 300; et ancien anglais. — **Schönthirlein, schöndinglein**, Bavière, Diez. — **Coantic** (joliette), **Caerell** (de **Caer** beau), **Propic** (proprette), breton armoricain, Supplément aux dict. bret. in-4. Landernau 1872.

(1) **Fozle, Futrat** = **Mustela.** Metaphorically = a thin faced person of diminutive stature; used also as a term of endearment. (Banffshire, Gregor.)

(2) Cf. le mot limousin **beluyâ** qui signifie **belle**, Chabaneau, 3e vol. de la Revue des Langues romanes, p. 373, et le béarnais **béroy**, beau.

3. — On a donné aussi à cet animal un nom familier qui équivaut à : *chatte, petite chatte*; pour le désigner, on a pris le féminin du mot *marcou,* qui signifie *chat mâle* : (1)

MARCOLLE, *f.* Vézelise (Vosges), recueilli personnellement.
MARGOLATTE, *f.* Lunéville, Oberlin ; Château-Salins, recueilli personnellement.
MARCOTTE (2) *f.* wallon, rouchi, Selys Longchamps, Grandgagnage, Hécart, Sigart, Vermesse.
MARGOTAINE, *f.* Lille, Norguet.
PETITE MARGOTAINE, *f.* id., id.
BARCOLLE, *f.* Meuse, Cordier.
BARCOLETTE, *f,* Meuse, Cordier.
BASECOLETTE, *f.* Ardennes, Grandgagnage.
BAS-COULE, (3) *f.* Meuse, Cordier.
BACALE, BACAYE, *f.* pays messin, recueilli personnellement.
BACOLLE, *f.* Aube, Ray.
BACOULE, *f.* Reims, Saubinet; Marne, Tarbé.
BACOULETTE, *f.* Vervins, Corblet.
BOCOULE, *f.* Pont-à-Mousson, recueilli personnellement.
BACOULOTTE, *f.* Courtisols (Marne), Grandgagnage.

Les formes *Marcolle* et *Barcolle, Margolatte* et *Barcolette,* se trouvant simultanément dans la même province (la Lorraine), m'autorisent à les assimiler. Il y a eu changement de la labiale *m* en la labiale *b.*

Il est de même impossible de séparer les formes *Barcolette* et *Basecolette.* Il y a eu changement de *r* en *s.*

4. — Autres noms de la belette :

MUSATTE, f. (dérivé de *mus* souris) Orbey, Gérard, *Mammifères de l'Alsace.*)
VOUDOTTE, f. Baume, Montbéliard, Dartois.

(1) **Marcou,** = vieux chat mâle, ancien français, Cotgrave ; Reims, Saubinet ; Normandie, Travers ; **Margou,** = chat mâle, Neufchâtel, Bonhote.

(2) **Marcotte,** en rouchi, a aussi la signification de **jeune fille vive, étourdie.** Grandgagnage.

(3) Doit-on prononcer **basse-coule** ou **bacoule** ?

PANCARRO, *f.* Gers, Cénac-Montaut.
VOURPOTTE, *f.* Montbéliard, Sahler.
VOIRPATTE, *f.* Montbéliard, Sahler.
MARLOUWETTE, (1) *f.* wallon Grandgagnage.

5. — On dit proverbialement :

Crier comme une belette en couches, wallon montois, Sigart.

6. — Autre locution proverbiale :

Lo poulido (la belette ou la jolie (femme) romplis pas lou gronié.
Rouergue, Duval.

II

1. — Locution proverbiale :

« Si une fois une fille a fait l'amour, j'aimerais mieux garder un pré rempli de belettes. » Corrèze, BÉRONIE.

allusion à quelque conte où l'on donne comme condition à remplir à quelque jeune homme pauvre, pour pouvoir épouser la fille du roi, un troupeau de belettes à garder.

Dans un conte de l'Écosse rapporté par Chambers, pour pouvoir épouser la fille du roi, un jeune homme doit garder un troupeau de vingt-cinq lièvres, dont un boîteux. Il tue le boîteux, les autres lièvres effrayés s'enfuient. Son frère agit autrement et réussit à garder les lièvres.

2. — Locution proverbiale :

Il faut se défier même d'une belette morte. MÉRY, t. III p. 83.

Allusion aux contes, dans lesquels la belette contrefait la morte pour attirer les souris.

3. — « Les belettes portent bonheur dans les maisons. »
(Bretagne, HABASQUE, 1er vol. p. 304, en note.)

(1) En rouchi, marluéte, merluéte, signifie femme qui espionne pour savoir ce qui se passe dans le voisinage. Grandgagnage, s. v. mârlouwette.

« Si l'on tuait une belette qui a des petits, toute la nichée viendrait manger le linge jusque dans les armoires de la maison. »

(A. de CHESNEL, *France littéraire*, déc. 1839, p. 23.)

4. — Une belette qui croise la porte d'un malade, est un présage de mort. (Morvand, abbé BAUTIAU, t. 1, p. 47.)

5. — L'antiquité et le moyen-âge attribuaient à la belette le pouvoir de détruire les serpents et en particulier le serpent basilic. La croyance était qu'elle se rendait invulnérable en mangeant de l'herbe appelée *rue*.

Jusqu'à présent j'avais pensé que ces idées devaient leur origine à quelque fiction mythologique, mais si ce qu'on va lire est exact, il faudra y voir le résultat d'observations d'histoire naturelle :

« Dans ces derniers temps, un habile observateur a pu voir comment la belette se préserve des effets du venin de la vipère en mâchant, lorsqu'elle en est mordue, des feuilles de pet d'âne (*Onopordon acanthium*), ou des tiges de verveine. »

Eug. NOEL cité par Gayot, *Les Petits Quadrupèdes*, t. II, p. 194.

MUSTELA LUTRA. L.

LA LOUTRE.

I.

1. — Du latin *lutra* et de ses dérivés viennent :

LUTRA, *f.* Nice, Risso.

LOUTRE, *f.* français.

LOUTRE, *m.* français, Andry ; Belon (*des Poissons*).

LOUTRO, *f.* Toulouse, Poumarède ; — Gard, Crespon.

LOTTE, *f.* wallon, Selys Longchamps, Deby.

LOTHS, anc. wallon, Littré.

LOURE, *f.* Centre, Jaubert ; Jura, Ogérien.

LORE, *f.* Montbéliard, Sahler.

LEÛRE, *f.* Centre, Jaubert.

LOUÈRE, Anjou, Millet.
LÔRE, *f.* Ban de la Roche, Oberlin.
LEURE, *f.* Bresse châlonnaise, Guillemin. Anjou, Millet.
LURI, *f.* prov. Castor ; Martigues, Darluc.
URI, Var, départ. du Var, gr. in-fol. de 104 p.
LURIA, LUIRIA, LOIRIA, *f.* anc. provençal, Raynouard.
LLUDRIA, *f*, catalan des Pyrénées-Orientales, Companyo.
LOUYRO, *f.* Gers, Cénac-Montaut ; Gard, Crespon.
LOUIRIO, *f.* Tarn, Gary.
LOUYRIO, *f.* Castres, Couzinié ; Ardèche, recueilli personnellement.
LOUIRO, LOUEIRO, *f.* Limousin, Sauger Préneuf.

La forme **lora* est devenue dans certains dialectes :

ROLLA, *f.* Suisse romande, Bridel ; Jorat, Razoumowski.

(**Remarque**). Scheler (Lex. du XII et XIII s.) cite les formes bas lat. **lustricius, lutricius.**

Cf. **Lontra**, italien. — **Lüdria**, Gênes, Descrizione. — **Lodria, Ludria**, Italie du Nord, Diez. — **Lutria, Nutria**, espagnol, Diez. — **Nutra, Lodra**, espagnol, Nemnich. — **Londra, Llondra**, Asturies, Nemnich. — **Lontra**, portugais. — **Otter**, anglais, allemand.

2. — La loutre porte encore le nom de :

POISSON DE ROCHE, Jura, Toubin, p. 309

3. — On dit proverbialement :

Etre vexé comme une loure. Centre, Jaubert.

Sans doute par allusion à la vive résistance que fait la loutre aux chiens.

4. — On appelle celui qui chasse les loutres :

LOUTRIER, *m.* Cotgrave.

5. — On appelle *louyrio*, (loutre), l'amateur de poissons.
Castres, Couzinié.

II.

I. — Si la loutre voit son ombre le jour de la Chandeleur, elle rentre pour quarante jours dans son trou.

(*Statistique de la France*, t. XVI.)

Voyez, à l'art. *Ours*.

MUSTELA PUTORIUS. L.

LE PUTOIS.

I.

1. — Le putois répand une forte et désagréable odeur; aussi lui a-t-on donné les noms suivants qui viennent du lat. *putere*.

PUTOIR, *m.* anc. fr. Cotgrave.
PUTIAS, *m.* Jura, Ogérien.
PUTOIS, *m.* français.
PITOIS, *m.* Jorat, Razoumowski; Anjou, Millet; Langres, Mulson; Centre, Jaubert; Suisse romande, Bridel; anc. fr. Cotgrave.
PITOÉ, *m.* Haut-Maine, Montesson.
PITIEU, *m.* Haute-Marne, Tarbé; Langres, Mulson.
PITOU, *m.* Montrêt, Gaspard; — Normandie, Chesnon, Pluquet.
PETOU, *m.* Montrêt, Gaspard; Suisse romande, Bridel; Cant. de Vaud, Fatio; Neufchâtel, Bonhote.
PÉTEUX, PÉTOUX, *m.* Jura, Monnier.
PISTOIS, *m.* Bretagne, Miorcec de Kerdanet.
PTAU, *m.* Montbéliard, Sahler.
PUNAIZOT, *m.* français, Littré.
PUANT, *m.* français.
PUDEN, catalan des Pyrénées-Orientales, Companyo.
PUDIS, *m.* Hérault, Marcel de Serres; Gard, Crespon.
PUDRÉOU, *m.* Tarn, Gary.

Il a quelque ressemblance avec le chat, d'où :

CHAT PITOIS, *m.* Centre; Saintonge, Jônain.
CHO PITOUEI, *m.* limousin, Foucaud.
CHAT PUNAIS, *m.* Berry, Jaubert.
GAT PUDIS, *m.* Toulouse, Poumarède.
CHAT PUTOIS, *m.* Anjou, Millet.

Cf. **Gatto spüsso**, Gênes, Desc. — **El hediondo**, esp. Nemnich. — **Doninha fedorenta**, portugais, Nemnich. — **Stänker**, **Stinkthier** allemand, Nemnich. — **Putoasq**, **pudasq**, Morbihan, Taslé. — **Puzzola**, italien.

Remarque. Scheler a trouvé dans des lexiques du XIIIe siècle :

PITOIDES = putoys, putors.
PUTADES = caputeis.

2. — Le putois ressemble beaucoup à la fouine ; il fréquente de préférence les bois, la campagne, aussi l'appelle-t-on :

FOUIN DE TERRE, *m.* Charente, Trémeau de Rochebrune.

par opposition à la fouine qui vit presque constamment près des habitations.

On lui donne aussi le même nom qu'à la martre.

MARTOULA, *f.* Nice, Risso.

MÂDRAI, MAUDRAI, wallon, Deby, Selys Longchamps, Grandgagnage.

3. — Je n'explique pas les formes suivantes :

VÈCHAU, *m.* Namur, Ardennes, Grandgagnage.

VÈCHEÛ, VÈHEÛ, *m.* Ardennes, Grandgagnage.

VÉCHOÛ, *m.* pays messin, Jaclot, (add. et correct. p. 58).

WIHA, *m.* liégeois, Grandgagnage.

WIXHA, ancien wallon, Grangagnage.

FICHAU, *m.* hennuyer, Grandgagnage; Lille, Norguet; wallon, Sigart.

FUSSIAU, *m.* rouchi, Hécart.

FICHEUX, FISSIEUX, *m.* Picardie, Marcotte.

FISSIEU, Picardie, Corblet.

FISSAU, *m.* ancien français, Cotgrave.

F'HHÔ, pays messin, recueilli personnellement; Saint-Amé, Thiriat.

HHÔ, *m.* pays messin, recueilli personnellement.

CHÔ, *m.* Ban de la Roche, Oberlin.

CHO, *m.* Lunéville, Oberlin.

PCHOU, *m.* pays messin, recueilli personnellement.

Cf. **Visso,** (dans le sens de fouine) Meuse, Cordier — **veso, vesonis,** bas latin, Ducange. — **Veso,** esp. Dict. de Salva 1874, s.v. **putois,** avec le sens de putois.—**Fitch** (putois), anglais, Cotgrave. — **Fitchet,** anglais. — **Fitchew,** anglais. —**Fis,** (avec le sens de fouine) flamand, Deby.

4. — Les paysans appellent quelquefois le putois :

FOUINE MÂLE,

comme si la fouine et le putois ne formaient qu'une espèce dont le putois serait le mâle et la fouine la femelle.

5. — Locution :

Malin comme un fussiau. Rouchi, HÉCART.

6. — Autre locution :

L'è neir k'on petou. Suisse romande, BRIDEL.

7. — Locution proverbiale :

Bonsoir, putois, la poule est rentrée au poulailler.
Jura, TOUBIN, p. 116.

Allusion à quelque conte.

8. — Autre locution proverbiale.

Tu me détournes du renard, putois, mais c'est pour m'attirer vers ton trou !
Jura, TOUBIN, p. 283.

MUSTELA FOINA. L.

LA FOUINE.

I.

1. — Cet animal fréquente sans doute les bois de hêtres puisqu'on lui a donné les noms suivants qui dérivent de **faginus*, **fagina* :

FAGINA, *f.* catalan des Pyrénées-Orientales, Companyo.
FAGUINO, FAHINO, *f.* provençal moderne.
HAGINO, *f.* Gers, Cénac-Montaut.
GAT FAGI, *m.* catalan des Pyrénées-Orientales, Companyo.
FAINA, *f.* ancien provençal, Raynouard.
FAÏNO, *f.* Tarn, Gary.
FEÏNO, *f.* provençal, Darluc ; Corrèze, Beronie.
FAYNE, *f.* ancien français.
FAÏÈNNE, *f.* Namur, Grandgagnage.
FAWINNE, *f.* ancien wallon, Grandgagnage ; pays messin, recueilli personnellement.

FAWÈNNE, *f.* wallon, Cambrésier, Grandgagnage, Deby.
FAWÉNE, *f.* pays messin, recueilli personnellement.
FOWÊNE, *f.* pays messin, recueilli personnellement.
FOENNE, *f.* wallon, Selys Longchamps.
FOUAINNA, *f.* Suisse romande, Bridel.
FOINE, *f.* ancien français, Cotgrave.
FOINE, FOIGNE, *f.* picard, Marcotte.
FOIN, FOUIN, *m.* Jura, Ogérien; Aube, Ray; Berry, Jaubert; Bresse châlonnaise, Guillemin; Charente, Trémeau de Rochebrune; Morbihan, Taslé.
FOUINA, *f.* Nice, Risso.
FOUINO, *f.* provençal moderne, Castor.
FOUINE, *f.* français.
FOÏNO, *f.* Toulouse, Poumarède.
FINE, *f.* Saint-Amé, Thiriat.
CHAT FOUIN, *m.* Saintonge et Berry, Littré.

Cf. **Faina**, italien, — **Tcheta fün, fejn**, Val-Soana Nigra. — **Fuin**, canavais, Nigra, — **Fuina, foina**, vénitien, — **Foin** (avec le sens de martre), piémontais, Diez, — **Fuina**, espagnol. — **Fuinha**, portugais, — **Foine**, **Beech-Martin**, anglais, Cotgrave.

2. — Il me semble difficile de rattacher à **fagina*, les formes suivantes :

FLOENNE, *f.* Lille, Norguet; rouchi, Grandgagnage.
FLORÉNE, *f.* rouchi, Grandgagnage.
FERUNO, *f.* Bouches-du-Rhône, Villeneuve.
FLUYNE, *f.* ancien français, Littré, s. v. Fouine.

Cf. **Fluwijn, fluwyn, fluin**, hollandais, — **flawein** (dans le sens de putois), flamand, Deby.

3. — On donne encore à la Fouine les noms suivants :

VISSO, *m.* Meuse, Cordier.
FICHAU, *m.* Lille, Debuire de Buc.
WIHA, WIHEU, *m.* wallon, Deby.
PITÔ, *m.* Bourgogne, Mignard.
MADRAI, MAUDRAI, wallon, Sélys Longchamps, Deby.
MARGIN (1), Centre, Jaubert.

(1) **Margin** = espèce de petite fouine que l'on trouve souvent nichée dans les meules et les paillons. Quand les bergers en tuent, ils les promènent dans les fermes du voisinage et obtiennent une petite redevance d'œufs, de volaille et de vin. (Jaubert, Supplément. 1869.)

Cf. **Margin** et **Margotin** avec les noms de la belette dérivés de **Marcou**.

MARGOTIN, Avranches, Le Héricher.
CHAT-GARANIER, *m.* ancien français, Cotgrave.

Ces noms pourraient aussi bien s'appliquer au putois, à la martre, ou à la belette, car on confond fréquemment entre elles les diverses espèces du genre *Mustela.*

4. — Locution:

Êtrepris comme un fouin dans une bouzine. Poitou, Lalanne.

c'est-à-dire être surpris, interdit.

5. — Aute locution :

Dormir comme un fouin. Centre, Jaubert.

Dormir profondément.

6. — Autre locution:

Être enrhumé comme un fouin. Centre, Jaubert.

Être très-enrhumé du cerveau.

7. — Autre locution :

Faire la fouine (=Faire l'école buissonnière) Centre, Jaubert.
Fouiner, (=s'esquiver, fuir).

Cf. Faire le renard=faire l'école buissonnière.

8. — Comme les autres *Mustela,* la fouine répand une forte odeur; aussi appelle-t-on un homme qui, par suite de sa malpropreté, sent mauvais :

FEINARD, Corrèze, Béronie.

On dit d'un enfant sale :

Oh! le petit foin! Centre, Jaubert.

On dit:

Puer comme un foin. Laisnel de la Salle, 2e vol. p. 237.

9. On appelle une personne sournoise, au visage pointu et chiffonné:

CHATFOUIN, *m.* français
FOUINE, *f.* français.

MUSTELA MARTES. L.

LA MARTRE.

1. — On fait venir le mot martre d'une forme **martalus* que l'on trouve dans certains textes de la basse latinité et qui dériverait de *Martes* qui est dans *Martial* (Ep. X, 37, au sens de martre.) Mais la leçon est très-douteuse.

Pour moi, le mot martre doit être dans un rapport étroit avec le mot *martin* qui a la même signification, en français et en anglais.

Quoiqu'il en soit, voici les noms de la martre :

MARTIN, *m.* ancien français, Cotgrave.
MARTRA, *f.* catalan des Pyrénées-Orientales, Companyo.
MARTRO, *f.* Tarn, Gary.
MARTRE, *f.* français.
MARTE, *f.* français.
MARTOULA, *f.* Nice, Risso.
MÂTRE, *f.* Jorat, Razoumowski.
MATRE, *f.* Isère, Charvet.
MAÎTRE, *f.* Montbéliard, Sahler.
MARTRÉ, *m.* provençal, Castor; Gard, Crespon.
MAUTE, *f.* Namur, Grandgagnage.
MÂDRAI, wallon, Sélys Longchamps, Grandgagnage.
MAUDRAI, wallon, Grandgagnage, Deby.

Cf. **Marta**, sarde, Azuni (2e vol. p. 45). — **Martoro**, **Martora**, italien. — **Martua**, Gênes, Descriz. — **Marta**, espagnol, portugais — **Martin**, anglais, Cotgrave. — **Martlet**, anglais. — **Marten**, **Martern**, anglais, Cotgrave. — **Marteron**, anglais, Merret (1667), — **Marder**, allemand. — **Maltr**, breton du Morbihan, Taslé.

2. — Locution proverbiale :

> Prendre martin pour renard. Cotgrave.
> Prendre martre pour renard.

c'est-à-dire se méprendre, se tromper.

MUSTELA ERMINEA. L.

L'HERMINE.

I.

1. — Le pelage de cette espèce de belette est roux en été, d'où ses noms de :

ROSELET, *m.* français.
ROSEREU, *m.* Normandie, Chesnon.
ROUVREUIL [1], *m.* Normandie, Chesnon.
ROSELEU, *m.* Bayeux, Duméril.

2. — Quand elle a cette couleur, on la confond généralement avec la belette :

MARGOTIN, normand, Le Héricher.
MOTELLETTA, *f.* Suisse romande, Bridel.

Elle est cependant plus grosse comme l'indique le nom suivant :

DOUBLE MARGOTAINE, *f.* Lille, Norguet.

3. — En hiver, son corps devient tout blanc, excepté le

(1) Rouvreuil est aussi le nom que l'on donne en Normandie à la gale des chiens ordinairement appelée le Rouge.

(Communication verbale de M. Baudry.)

bout de la queue qui reste noir, de là ses noms de :

MUSTELA BLANCA, *f.* catalan des Pyrénées-Orientales, Companyo.
BLANK MARCOTTE, *f.* wallon, Selys Longchamps.
LÉTICHE, *f.* [*lacticiam] normand, Chesnon, Travers et Dubois, Pluquet.
LAITISSE, *f.* français, Cotgrave.

Ces derniers mots signifient *blanche comme le lait.*

BIANCHE MOTÉLE, *f.* Saint-Amé, Thiriat.

4. — C'est quand elle a sa robe blanche, qu'elle est connue sous le nom d'*hermine.* Ce nom vient de ce qu'autrefois on faisait venir la fourrure de cet animal, d'Arménie :

ARMINE, *f.* vieux français, Laborde, Emaux, p. 206.
HERMINE, *f.* français.
HERMIN, *m.* ancien provençal, Raynouard.
ERMINI, *m.* ancien provençal, Raynouard.
ERMI, *m.* ancien provençal, Raynouard.
ERME, vieux français.
ERMINETTE, *f.* Picard, Marcotte.

Cf. **Armellino, ermellino,** italien. — **Armiño,** espagnol. — **Ermelin, ermin,** anglais, Cotgrave. — **Hermelin,** allemand. — **Erminicq,** breton du Morbihan, Taslé.

II.

1. — Les laitiches (*mustela herminea* en robe blanche) ne sont autre chose que les âmes des enfants morts sans baptême.

Normandie, Le Héricher, Chrétien, Travers et Dubois, Pluquet.

MUSTELA FURO. L.

LE FURET.

1. — D'un radical *fur* dont la signification est obscure viennent:

FUIRON, *m.* ancien français.
FURON, *m.* Marne, Tarbé; Centre, Jaubert.
FURA, *f.* catalan des Pyrénées-Orientales, Companyo.
FURÉ, Gard, Crespon.
FURET, Nice, Risso.
FURET, *m.* français.
FURET PUTOIS, *m.* Charente, Trémeau de Rochebrune.
HURET, *m.* Gers, Cénac Montaut.

Cf. **Furetto,** italien. — **Furon,** ancien espagnol. — **Huron,** espagnol. — **Ferret,** anglais. — **Foret, Furet, Frett,** hollandais. — **Frett, Furett, Furettel, Frettel,** allemand.

2. — Les verbes dérivés :

FURETER,
FUROUNER,
FURETONNER,

ont le sens de *chercher partout* :

Cf. **Huronear,** espagnol. — **Furetai,** sarde, Diez.

SCIURUS VULGARIS. L.

L'ÉCUREUIL.

1. Du mot latin *sciurus* on a tiré les radicaux *squir*, *spir* d'où dérivent les mots suivants :

ÉSKIROL, *m.* Tarn, Gary.
ESQUIROL, *m.* ancien provençal, Raynouard; catalan des Pyrénées-Orientales, Companyo.
ESCIRIOL, ESCUROL, *m.* ancien provençal, Raynouard.
ESCUROL, *m.* Tulle, Béronie.
ESQUIROOU, *m.* Alais, la Fare Alais; Bouches-du-Rhône, Villeneuve; provençal, Castor.

ESCURIOOU, *m.* provençal, Castor.

ESCOURIOOU, *m.* Gard, Crespon.

ESQUIRO, *m.* Gers, Cénac Montaut, Abadie.

ESCHIROT, *m.* Nice, Risso.

ESSIROOU, *m.* Ardèche, recueilli personnellement.

ÈSKIRO, *m.* Bagnères de Bigorre, recueilli personnellement.

ESCUIREUL, *m.* ancien français du XIIIe siècle, Scheler, Manuscrit de Lille.

EQUIREL, *m.* normand, Le Héricher.

EQUIREU, ECUIREU. *m.* normand, Le Héricher.

ECUREUIL, *m.* français.

ESCURIEU, *m.* ancien français, Cotgrave.

ESCUREUR, *m.* ancien français, Cotgrave.

ETHIUROUR, *m.* poitevin, Favre.

ECURIEUX, *m.* Jura, Monnier; Centre, Jaubert.

ÉCRIEU, *m.* pays messin, recueilli personnellement.

ÉCHIRIEU, *m.* Isère, Charvet.

ÈCREUX, *m.* Les Fourgs, Tissot.

ECOUROU, *m.* Montrêt, Gaspard.

ÉCURON, *m*, Meuse, Cordier ; Lunéville, Oberlin; pays messin, recueilli personnellement.

ÉCURAN, *m.* Ardennes, Grandgagnage.

SCURON, *m.* Orbey, Gérard (Mammifères de l'Alsace, p. 157); Saint-Amé, Thiriat.

ESCOIRION, *m.* vieux français, Littré.

HECUEURON, *m.* Vosges, Gérard (Mammifères de l'Alsace, p. 157.)

H'COOURO, *m.* Ban de la Roche, Oberlin.

SKIRON, *m.* Ardennes, Grandgagnage.

KEURON, *m.* Vagney, Thiriat.

ÉKAIRU, ETIAIRU, EKIAIRU, ETHIAIRU, Suisse romande, Bridel.

SPIREUIL, *m.* wallon, Sigart.

SPIREU, *m.* wallon, Sigart.

SPIROU. *m.* wallon, Sigart, Deby, Selys Longchamps.

Cf. **Sgariol**, Ferrare, Mussafia. — **Scojattolo**, italien. — **Scheruolo**, Toscane, Mussafia. — **Schirato**, vénitien, Mussafia. — **Schirat**, Tyrol, Frioul, Brescia, Crémone, Mussafia. — **Sghirato**, Padoue, Mussafia. — **Sgirat**, Plaisance, Mussafia. — **Schiratel**, Bologne, Mussafia. — **Scarjatul**, Romagnes, Ferrare, Mussafia. — **Schiracc**, Modène, Reggio, Mussafia. — **Sghiracc**, Bergame, Mussafia. — **Sgiarùzule**, Frioul, Mussafia. — **Sciurnua**, Gênes, Mussafia, Desc. — **Esquilo**, espagnol, portugais. — **Squirrel**, anglais. — **Sciurla**, Aspruzzo, Costa.

2. — L'écureuil est quelquefois apppelé *petit chat* ou *chat écureuil*:

CHAT ÉCURIEUX, CHAT ÉCUREUIL, *m.* Centre, Jaubert.
TSAT ESCUROI, *m.* Limousin, Jaubert.
TSAT ESCUROL, *m.* Tulle, Beronie.
GAT ESQUIRO, *m.* Gers, Cénac Montaut.
PETIT CHAT, *m.* normand, Travers et Dubois.
TSAKÉ, *m.* (petit chat), Suisse romande, Bridel.

On l'appelle aussi :

TCHAIT GAIRIOT, *m.* Montbéliard, Sahler.

Cet adjectif *gairiot* doit se rapporter à *glirem.*

Cf. pour cette dernière forme **gira**, **giretta**, Milan (avec le sens d'écureuil), Mussafia; et **aghi**, piémontais (même sens), Mussafia.

L'écureuil porte encore les noms de :

FOUQUET, *m.* Haut-Maine, Montesson ; Anjou, Millet; Maine, (Intermédiaire, 2e année, n° 25).
BOSQUE, BOSQUET, *m.* dans un manuscrit de Valenciennes du XVe s. (Intermédiaire, 1re année, p. 323.)
BOQUET, *m.* Mons, Valenciennes, Vermesse.
JAQUET, *m.* Normandie, Chesnon, Le Héricher, Pluquet, Travers et Dubois.
ETSERGUET, *m.* Orbe, Favrat.
AHRBONNEÏRÀ, canton de Murat, Haute-Auvergne, Labouderie.
VERDACHE, Tarentaise, Pont.
VERDATHE, id. id.
VERDJASSA, Suisse romande, Bridel.
VIAIRDZEIN. *m.* id.
VYARDZA, Gruyère, Cornu, (*Romania*, 1875, p. 251.)

Ces mots semblent difficiles à expliquer.

3. — Mettre les écureuils à pied,
est une locution proverbiale qui signifie couper les arbres.

CASTOR FIBER. L.

LE CASTOR.

I.

I. Du latin *castorem* vient:

CASTOR, *m.* français.

Cf. **Castoro**, **Castore**, italien. — **Castor**, espagnol.

2. — Un autre nom de cet animal est dérivé du bas-latin **bebrum*, **vebrum*; (le *Scoliaste* de Juvénal, sat. 12, donne *bibrum*):

BIÈVRE, *m.* français.
BUIVRE, *m.* ancien wallon, Grandgagnage.
VIBRÉ, *m.* Gard, Crespon; Bouches-du-Rhône, Villeneuve.

Cf. **Bibaro**, **bivaro**, italien. — **Bibaro**, **bevaro**, **befre**, espagnol. — **Beaver**, anglais. — **Biber**, allemand.

3. — « Indépendamment de la fourrure qui est ce que le castor fournit de plus précieux, il donne encore une matière, dont on a fait un grand usage en médecine. Cette matière que l'on a appelée *castoreum*, est contenue dans deux grosses vésicules que les anciens avaient prises pour les testicules de l'animal.» Buffon, t. III, p. 58.

CASTOREUM, *m.* français.
CASTORÉE, *m.* français, Cotgrave.

Cf. **Castorio**, italien. — **Castoreo**, espagnol.

Au moyen-âge encore, on prenait ces vésicules pour les testicules du castor, car on trouve dans l'inventaire du comte de Nevers, mort en 1266, qu'il possédait entre autres curiosités deux coilles (1) de bièvre. Voy. *Romania, t. II, p. 151.*

(1) Les anciens croyaient que le castor poursuivi par les chasseurs se coupait les testicules, objet de leur poursuite et sauvait ainsi sa vie

4. — Proverbe :

En petite eau souvent on trouve grand bièvre.

COTGRAVE.

II.

1. — Autrefois le castor avait l'avantage d'être à la fois un aliment maigre et un aliment gras (1).

« Ses membres de derrière jusqu'aux côtes ont le goust de poisson et on les mange comme tels les jours maigres et tout le reste du corps a le goust de viande dont l'on ne doit user qu'en temps de charnage. »

POMET, *Histoire des Drogues*, 1735, Chapitre des animaux, p. 19.

FELIS LYNX. L.

LE LYNX.

1. — Du latin *lynx, lyncem*, viennent :

LINS, *m.* ancien français.
LINX, LYNX, *m.* français.
LYNCÉE, *f.* ancien français, Cotgrave.
LUXE, Orbey, Gérard, *Mammifères de l'Alsace*, p. 21.

Cf. Lince, italien, espagnol. — **Lox**, anglais. — **Luchs, Lutz**, allemand. — **Losse**, allemand, Gérard, Mammifères de l'Alsace, p. 21. — **Liokkes**, saxon, Bielz. — **Locht**, hollandais.

Voir dans le Dictionnaire de Littré, au mot **lynx**, l'explication du mot **lyncée**,

2. — « Le lynx n'a rien du loup qu'une espèce de hurlement qui se faisant entendre de loin, a dû tromper les chasseurs et leur faire croire qu'ils entendaient un loup. Cela seul a peut-être suffi pour lui faire donner le nom de *loup*, auquel, pour le distinguer du vrai loup, les chasseurs auront ajouté l'épithète de cervier, parce qu'il attaque

(1) C'est peut-être de là que vient cette expression : **c'est un demi-castor** pour signifier **c'est un homme suspect** (c.-à-d. qui est à la fois chair et poisson.)

les cerfs ou plutôt parce que sa peau est variée de taches à peu près comme celles des jeunes cerfs, lorsqu'ils ont la livrée. »

BUFFON, t. 3, p. 245.

Voici les noms du lynx, tirés de ces comparaisons :

LEU CERVE, *m.* ancien français, Littré, (*au mot loup-cervier.*)
LOUP CERVIER, *m.* français.
LOUPE CERVIÈRE, *f.* (la femelle?) document sur Montbéliard de 1640. Gérard, *Mammifères de l'Alsace*, p. 21.

Cf. Lupo cerviere, italien. — **Lupo cerviero**, Naples, Costa. — **Lobo cerval**, espagnol, Nemnich. — **Hirschluchs**, **Hirschwolf**, **Wolfsluchs**, allemand, Nemnich. — **Thierwolf**, Suisse allemande, Tschudi, **Faune des Alpes**.

3. — Le lynx ressemble à un énorme chat ; il appartient en effet à la même famille comme l'indique son nom scientifique *Felis linx* ; de là ses noms de :

CHAT CERVIER, *m.* français, Nemnich.
TCHA CERVEY, *m.* Valais, Bridel.

Cf. Lupo gatto, italien, Nemnich. — **Gato cerval**, espagnol, Nemnich. — **Lobo gato**, portugais. — **Luchskatze**, **Katzenluchs**, allemand, Nemnich.

II.

1. — Chez les anciens le lynx (qui n'était peut-être pas le même animal que le Felis linx de Linné), passait pour avoir une vue très-perçante. Il voyait, disait-on, à travers les corps opaques.

De cette superstition, il nous est resté cette expression :

Avoir des yeux de lynx.

ARCTOMYS MARMOTA. L.

LA MARMOTTE.

I.

1. — Noms donnés à la marmotte :

MARMOT, *m.* ancien français, Cotgrave.

MARMOTTE, *f.* français.
MARMOTTA, *f.* Nice, Risso.
MARMOTAN, *m.* ancien français, Cotgrave.
MARMOTAINE, *f.* ancien français, Cotgrave.
MARMONTAINE, *f.* ancien français, Cotgrave.
MARMONTAIN, *m.* ancien français, Littré.
MIERET, Colmars (Provence), Darluc.
RAT DE MONTAGNE, *m.* français.
RAT DES ALPES, *m.* français, Nemnich.

Cf. **Marmotto, marmotta**, italien.—**Marmontana**, italien dialectal, Nemnich. — **Montanella**, canton des Grisons, Nemnich. — **Murmont**, pays de Coire. — **Murmelthier, murmelmaus, murmamentl**, allemand, Nemnich. — **Murmentle**, Suisse allemande, Nemnich. — **Murmeli**, Oberland bernois. — **Murmentli**, Valais. — **Marmeldier**, hollandais.

2. — Les verbes dérivés :

MARMOTTER, français.
MARMOTONNER, français, Cotgrave.
MARMONNER [1], français, Cotgrave.

signifient, murmurer entre les dents, parce que la marmotte, quand elle boit, fait entendre une espèce de ronron de plaisir.

Cf. **Marmotà**, pays de Côme, Diez. — **Murmeln**, allemand.

3. — Expliquer tous ces mots est difficile, on ne peut que faire des conjectures :

1° Ils peuvent venir d'une onomatopée et *marmotte* viendrait du verbe *marmotter;*

2° On a pu appeler *marmot, marmotte* cet animal parce que souvent on le montre habillé ; il ressemble alors à un enfant (*marmot*, de *merme*, petit). Ce serait pour la même raison qu'on aurait appelé le singe *marmot ;*

3° Un certain nombre de ces mots peuvent s'expliquer par *murem montanum, murem montanam, murem montis*.

(1) Comparez le français populaire **maronner** = murmurer et l'ancien français **marmouser** même sens.

Cette étymologie est appuyée par la forme *rat de montagne.*

En tout cas, il semble y avoir confusion entre les diverses formes.

4. — Cet animal passe l'hiver presque complètement engourdi; de là vient qu'on dit proverbialement:

Dormir comme une marmotte.

ANTILOPE RUPICAPRA. L.

LE CHAMOIS.

1. — Cet animal porte les noms de:

GAMITE, anc. français, *Romania,* 1874, *p.* 412.
CAMOUS, Nice, Risso ; provençal moderne, Diez.
CHAMOU (lou) (au singulier) Provence, Darluc.
CHÁMOUSSÉS (lous) (au pluriel) id. id.
TSAMO, *m.* Suisse romande, Bridel.
CHAMEULX, ancien français.

Cf. **Camozza, camoscio,** italien. — **Camüscio,** Gênes, Descriz. — **Camuza, gamuza,** espagnol. — **Gamussa,** catalan. — **Camozz,** tyrolien, Diez. — **Camossa, camoss,** piémontais, Diez. — **Camuça camurça,** portugais. — **Gems, gemse, gembs,** allemand. — **Gambsthier,** Suisse allemande, Gérard, p. 364.

Ces mots semblent venir du haut allemand *gam- z.*

Selon Nemnich, cet animal s'appelle *giemza* en polonais, *gemzyk, kamzyk* en bohémien, *gama* en kalmouk.

Quelques personnes pensent que le radical *gam, cam,* pourrait venir du mot *dama.*

Cf. Les noms espagnols du **Cervus Dama L.,** et les noms **Dama, Daino, Daina,** qui, selon Gatschet (p. 551) s'appliquent exclusivement dans le Nord de l'Italie au chamois.

2. — On l'appelle encore:

ISARD, *m.* Pyrénées.
SARRI, Eaux-Bonnes, recueilli personnellement.

UZARN, provençal, Littré.
LIZARD, *m.* Hautes-Pyrénées, *Itinéraire par La Boulinière*, 1er vol., p. 186.

Cf. **Isart**, **Sicart**, catalan.

L'étymologie de ces mots est obscure.

CERVUS DAMA L.

LE DAIM.

1. — Du latin *dama* ou plutôt de **damus* forme secondaire de *dama*, viennent :

DAIN, DAIM, *m.* français.
DAME, ancien français, Littré.
DAINE, DINE, *f.* (la femelle) Littré.
DAM, *m.* ancien provençal, Raynouard.
DAMA, *f.* id. id.

Cf. **Daino**, m. (le mâle) **daina**, f. (la femelle), italien. — **Damma**, italien. — **Dama**, espagnol. — **Gamo**, **gama**, espagnol, Nemnich. — **Gamezno**, (petit daim), espagnol, Nemnich. — **Damhirsch**, **dambock**, **dämling**, (le mâle) allemand, Nemnich.

CAPRA IBEX L.

LE BOUQUETIN.

1. — Noms de cet animal :

STAIMBOUCK, *m.* ancien français, Gérard, p. 368.
BOUC D'ESTAIN, *m.* ancien français, Cotgrave.
BOUC ESTAIN, *m.* ancien français, Belon.
BOUQUETIN, *m.* français.
BOUC SAUVAGE, *m.* français, Nemnich, Gérard, p. 368
BOUC DES ROCHERS, *m.* français, Nemnich.

Les quatre premiers noms viennent de l'allemand *steinbock* (même signification).

Cf. **Stambecco**, **stambecchi**, italien. — **Cabra montés**, **macho montés**, **macho de cabrio silvestre**, espagnol, Nemnich. — **Bode salvagem**, **cabra montez**, portuguais.

2. — La femelle portait autrefois le nom d' :

ELAGUE, *f.* ancien français selon Gérard, p. 368.

SUS SCROPHA. L.

LE SANGLIER.

I.

1. — Les noms suivants du sanglier dérivent de *porcus singularis*, ou simplement *singularis*, c'est-à-dire *porc solitaire*, appellation étrange si l'on considère que cet animal vit en société à l'exception des tout vieux qui vivent quelquefois isolés et portent alors, à juste titre, le nom de *solitaires*. Peut-être ces derniers par leur grosseur, leur force et leurs ravages considérables, ont-ils à une certaine époque attiré toute l'attention sur eux :

PORC SINGLA, *m.* catalan des Pyrénées-Orientales, Companyo,

PORC SANGLAT, *m.*
POARC SANCLIER, *m*,
} Dans des textes de 1564, *Capitouls de la Cadière*, par Magloire Giraud, dans le *Bulletin de la Société des sc. etc.* du Var 1851, Ier semestre, p. 78 et 80.

PORC SENGLER, *m.* ancien français, Ducange.

POURCHAU SINGLER, POURCHAU SINGLÉ, *m.* Flandres, Vormesse ; rouchi, Hécart.

POUAR SENGLIÉ, *m.* provençal, Castor.

PUORC SENGLIÉ, *m.* Nice, Risso.

POUHHÉ HHINGUIÉ, *m.* Saint-Amé, Thiriat.

POURÇAI SINGLÉ, *m.* wallon.

PÔ SINGHIAÎ, *m.* Doubs, Jura, Haute-Saône, Dartois.

PORC SANGLIER, *m.* ancien français.

SENGLER, SANGLER, SAINGLER, *m.* ancien français.

SINGLAR, *m.* Tulle, Beronie ; ancien provençal, Raynouard.

CINGLAR, CINGLIAR, *m.* limousin, Sauger Préneuf.

SENGLAR, *m.* Lyonnais, Onofrio ; ancien provençal, Raynouard.

SENGLA, *m.* Ardèche, recueilli personnellement.

SANGLIER, *m.* français.
SANLLIÉ, *m.* Centre, Jaubert.
SANGLIE, *m.* Montbéliard, Salher.
SINGLI, *m.* wallon, Deby.
SINGLÉ, wallon, Deby; rouchi, Hécart.
SINGUIA *m.* Jura, Gindre.
SAINGLLAR, SCHANGLLA, *m.* Suisse romande, Bridel.
SINGLA, *m.* Tarn, Gary.
SANGLA, *m.* Gers, Cénac Montaut.
SINGHIÂ *m.* Doubs, Jura, Saône, Dartois.
SINGLAI, *m.* Bourgogne, Littré.
SANGLIÈRE, *f.* (la femelle) ancien français, Cotgrave.
SANGLERON, *m.* (petit sanglier) id. id.

Cf. **Cignale, cinghiale,** italien.

2. — La femelle quand elle a des petits se nomme :

LAYE *f.* ancien français, Cotgrave.
LAIE, *f.* français.

Aucune étymologie satisfaisante de ce mot n'a été donnée jusqu'ici.

3. — Les petits qui viennent de naître portent le nom de :

MARCASSIN, *m.* français ;

du mot margasse (1) (la mère agasse, nom familier donné à la pie dans diverses provinces), parce qu'à cet âge le sanglier porte une robe rayée de noir et de blanc.

On trouve *marquesin* dans un manuscrit de 1496, et *marquasin* dans Liébault, *Maison rustique*, p. 798, Ire édit. M. Godefroy a bien voulu extraire pour moi, ces deux mots de son grand dictionnaire de l'ancienne langue française.

(1) **Margassat** = petit de la pie, Castres, Couzinié. — **Margasse** = pie grivelée? idem.—Mère ageasse = **pie**, Ouest. — Le mot **Agassin** se trouve dans Cotgrave, dans le sens d'œil de perdrix et de bas-bourgeon de la vigne.

4. — De six mois à deux ans, le sanglier porte les noms de :

BÊTE DE COMPAGNIE
BÊTE NOIRE
BÊTE ROUSSE

5. — De deux ans à trois ans :

RAGOT

Etymologie inconnue. — Grivel (*Livradois, p. 200*), cite un ancien document dans lequel on trouve *garrot* avec le sens de sanglier mâle. *Ragot* serait-il le même mot que *garrot* ? par suite de transposition de *r* et de *g*?

6. — De trois à quatre :

SANGLIER A SON TIERS-AN
TIERS-AN

7. — De quatre à cinq :

QUARTANIER
SANGLIER QUARTANIER
QUART-AN

8. — De cinq à six :

VIEUX SANGLIER
QUINTANIER

9. — A partir de cet âge, c'est un :

GRAND VIEUX SANGLIER
SOLITAIRE

10. — La tête de sanglier porte le nom de :

HURE, *f.* français.
HEURE, français, Palsgrave.

Ce mot vient de l'allemand *haar*, ancien allemand *har*, *haru*, pris, comme un grand nombre de mots allemands servant à désigner une partie du corps, dans un sens péjoratif.

Le mot allemand a donc pris le sens de chevelure hérissée, tignasse, ce qui convient bien à la tête du sanglier (1).

11. — Le mâle a les mâchoires armées de quatre dents saillantes et dressées vers le ciel, deux en bas, deux en haut, les deux d'en bas s'appellent les

DÉFENSES

elles sont aiguisées et tranchantes et portent des coups terribles. Elles se recourbent avec l'âge et perdent leur tranchant ; on dit alors que la bête est

MIRÉE.

Il semble que les dents de la mâchoire supérieure n'aient d'autre fonction que de servir d'aiguisoir aux *défenses*. On les nomme les

GRAIS, Toussenel, *l'Esprit des Bêtes*, 1862, p. 255.

Les défenses portent encore le nom de :

BROCHES

MIRES, *f. plur.* français, Cotgrave

Selon Cotgrave, un sanglier est dit *miré* quand il a de très-grandes défenses.

12. — On dit que :

Le sanglier fait ses mangeures

quand il mange.

On dit :

Le sanglier est à la fouge

quand il déterre les racines de fougère.

On appelle :

BOUTOIR

le grouin du sanglier.

(1) **Panre pè lè heureusse**, dans le patois du Pays messin signifie saisir par la tignasse et le mot **heure** signifie dans un sens plaisant, chevelure.

On appelle :

LES BOUTIS

le retournement profond de la terre fait par le sanglier.

Quand le sanglier n'a fait que retourner légèrement la surface de la terre, on dit qu'

Il a vermillé.

On appelle :

BAUGE

l'endroit ou se recèle le sanglier.

Quand il se vautre dans les mares on dit :

Il se souille dans les mares

et on appelle :

SOUIL

l'endroit de la mare qu'il a bouleversé.

On appelle :

ECOUTES

ses oreilles :

Son pied est une :

TRACE

Les parties sexuelles du mâle portent le nom de :

SUITES, *f. plur.*

13. — On appelle *paroi*, la peau du sanglier et *armures* la partie de la peau qui recouvre les deux épaules.

On appelle *livrée* la robe des marcassins.

Chasse illustrée, t. II, p. 210.

14. — On appelle *gardes*, les ergots placés derrière le talon du sanglier.

Chasse illustrée, t. I, p. 103.

15. — On appelle *vautrait* un équipage exclusivement dans la voie du sanglier.

Chasse illustrée, t. I, p. 103.

VAUTROY, ancien français, Scheler.

16. — Quand un chasseur voit passer de près un sanglier, s'il n'a pas de trompe, il doit crier :

Vlaho, holo, vlao.
Chasse illustrée, t. I, p. 103.

17. — En Lorraine, on crie pour appuyer les chiens tenant le sanglier au ferme :

Houlahou.

18. — Les deux extrémités des pieds du sanglier portent le nom de :

PINCES, (f. plur.)

On dit d'un sanglier qui a une pince plus longue que l'autre, qu'il est :

PIGACHE.

19. — On appelle les sangliers en général :

BÊTES NOIRES.

II.

Rencontrer un sanglier le matin porte malheur.
THIERS, t. 1, p. 209.

LEPUS TIMIDUS. L.

LE LIÈVRE

I.

1. — Du latin *leporem* viennent :

LEBRE, *f*. ancien provençal ; limousin, Foucaud ; Tulle, Beronie.
LÈBRÉ, LEBRË, LEBRÉ, LÉBRÉ, *f*. Bouches-du-Rhône, Villeneuve ; Nice, Risso ; Tarn, Gary ; Gers, Cénac Montaut ; Gard, Crespon ; Velay, Deribier de Cheissac.

LÈBE, *f.* Gers, Cénac Montaut; gascon.

LÈVRE, ancien français (Chanson de Roland.)

LIEUBE, Berry, Jaubert.

LIÈVRE, *m.* français.

LIÈVRE, *f.* genevois, Littré.

LIÈVE, picard, Marcotte.

LIÉVE, Saint-Amé, Thiriat.

LIEUVE, Berry, Jaubert.

LIEUVE, *f.* Ban-de-la-Roche, Oberlin.

LIVE, LÎVE, LÎV, Le Tholy, Thiriat; Vézelise, recueilli personnellement; wallon, Grandgagnage, Deby, Selys Longchamps.

LIVRE, document nîmois du XVIe siècle. *Revue des Sociétés sav.* 1874, Ier semestre, p. 499.

LIEUFFE, *f.* Vosges, *Chasse illustrée*, p. 334.

LIEUF, *m.* pays messin, recueilli personnellement.

LIÈFE, rouchi, Hécart.

LLIEUBE, Berry, Jaubert.

LLEBRA, LLEBRAU, catalan des Pyrénées-Orientales, Companyo.

IEUBE, La Châtre, Jaubert.

YEUVE, picard, Corblet.

YEUVRE, YÈVRE, Haut-Maine, Montesson.

GUEUVRE, Haut-Maine, Montesson.

LEIVRA, *f.* Suisse romande, Bridel.

LIORA, LOIRA, *f.* Lyonnais, Onofrio.

Cf. **Lepre**, italien. — **Legor**, Brescia, Nemnich. — **Levre**, Gênes, Descriz. — **Lébbru**, Sicile, Ascoli, p. 149. — **Liebre**, espagnol. — **Llebra**, catalan, Raynouard. — **Lebre**, portugais. — **Lepra**, ile d'Elbe, Koestl. — **Lepere**, Sardaigne, Azuni (IIe vol. p. 50.)

2. — Le lièvre porte en outre le nom de :

HERI, *m.* Normandie, Duméril.

Cf. **Hare**, anglais. — **Hara**, anglo-saxon. — **Hase**, allemand. — **Haes**, flamand, Deby.

3. — Le français ayant deux formes pour désigner un même animal, l'une dérivée de *leporem* et l'autre d'origine germanique, s'est servi, par dissimilation, de cette dernière pour dénommer la femelle :

HASE, *f.* français.

ASE, *f.* Jura, Monnier.

4. — La femelle porte cependant quelques noms dérivés de *leporem* :

LIEUVRAISSE, *f*. Haut-Maine, Montesson.
LIEVRESSE, *f*. Poitou, Lalanne.
LEVRACHE, *f*. Poitou, Lalanne.

5. — Les petits lièvres sont appelés :

LEVRAUT, *m*. français.
LEVRETEAU, *m*. ancien français, Cotgrave.
LEBRAULT, *m*. limousin, Sauger Préneuf.
LEBRAOU *m*. Tulle, Béronie; Gers, Cénac Montaut; provençal, Castor,
LEBROOUDEL, LEBROOUDET, *m*. Tulle, Beronie.
LEBROTOU, *m*. Tulle, Beronie.
LEVRET, *m*. normand, Le Héricher.
LEBRETO. *m*. provençal moderne, *Revue des langues romanes*, 1872, p. 387.
LIVROU, *m*. (lièvre ou levraut ?) Les Fourgs, Tissot, *les Mœurs*, p. 176.

Verbe dérivé :

LEVRAUDER, = poursuivre quelqu'un comme un lièvre,

Cf. Lepratto, leprotto, leprone, leprottino, leprettino, lepretto, leproncello, lepretta, leprieciuola, italien, Nemnich. — **Lebrato, lebrete, liebrecilla, liebraston,** espagnol, Nemnich. — **Lebracho, lebrezinha, lebrato,** portugais, Nemnich. — **Leveret,** anglais.

6. — On a donné au lièvre le nom suivant par plaisanterie :

CAOUO, CAOUÉ, *m*. [*excaudatum*] pays messin, recueilli personnellement.

c'est-à-dire celui qui n'a pas de queue. (Il en a une si petite !)

C'est aussi une plaisanterie de chasseurs que de dire :

Faire faire le manchon à un lièvre,

c'est-à-dire le rouler. (*Journal des chasseurs*, Ier vol., p. 14.)

7. — Le mâle, et spécialement le vieux mâle, prend le nom de :

BOUQUIN [1], *m.* français.

c'est-à-dire celui qui est comme le bouc, lascif et batailleur. En effet, les lièvres mâles, à l'époque du rut, se livrent entre eux de terribles batailles et laissent sur le sol piétiné de nombreuses touffes de poils.

C'est ce qu'on appelle le :

Bouquinage.

On emploie aussi le verbe *bouquiner*, en parlant des lièvres au moment de leurs amours.

Cf. **To buck** (même sens), Hundred of Longsdale, Peacock.
Cf. **Rammler** = lièvre mâle et matou et **rammlen** = **bouquiner**, allemand.

En vénerie on appelait autrefois le lièvre en rut :

Lièvre au rat.
Lièvre en amour.
Lièvre en chaleur.
Lièvre qui bouquine.
Lièvre qui bourdit.

Jean de Lignéville, édité par Michelant, p. 1 et suiv.

8. — Voici les autres termes de vénerie relatifs au lièvre, que l'on trouve dans *Jean de Lignéville* :

Viandis d'un lièvre = la nourriture d'un lièvre.
Le lièvre a viandé = le lièvre a mangé.
Lièvre qui hasle = lièvre qui a couru et à qui les flancs battent.
Crottes ou repères du lièvre = son fienté ou excréments.
Forhuer un lièvre = crier après un lièvre, le monstrer aux hommes et aux chiens.
Le pas du lièvre = c'est une herbière comme un petit sac qu'il a au corps, qui reçoit ce qu'il mange, lequel il faut nettoyer ou jeter dehors, car si les chiens mangent ce qui est dedans, cela leur fait mal et les dégouste.

(1) **Bouquin** = leacherous, lascivious. — **Bouquiner** = to be lascivious, Cotgrave.

Le sault du lièvre = c'est un petit os qui est à la jointure de la cuisse, au devant à celle du milieu:
Le forhu du lièvre = c'est les tripailles du lièvre et l'herbière bien nettoyée.
Jean de Lignéville, édité par Michelant, p. 1 et suiv.

9. — Quand le lièvre est sur le point d'être forcé, son dos arqué décrit un axe convexe ; on dit alors qu' :

Il porte la hotte.
Chasse illustrée, t. 2, p. 115.

10. — Quand le lièvre poursuivi est harassé de fatigue, il ne va plus en ligne droite, mais fait des circuits autour des chiens jusqu'à ce qu'il soit pris, on dit qu' :

Il est mis au rouet. Cotgrave.

Le lièvre se *relaisse*, quand étant chassé il se couche soit pour se reposer, soit pour faire faire un défaut aux chiens.

11. — On a remarqué que le lièvre serré de près par les chiens courants et sentant ses forces faiblir, retourne au canton où il a son gîte et où il a été lancé ; c'est là qu'il se fait prendre. D'où l'expression proverbiale :

Il est comme le lièvre qui revient mourir en son gîte (1).

Cf. Le proverbe vénitien : El lievro va sempre a morir ne la so tana.
Reinsberg-Duringsfeld, t. 1, p. 358.

12. — Quand le lièvre a choisi un endroit pour son gîte, s'il n'est pas dérangé, il y reviendra infailliblement ou en tout cas ne s'en éloignera guères ; de là, le proverbe :

Le lièvre revient toujours à son gîte,

c'est-à-dire, dit Leroux, *Dictionnaire comique*, que tôt ou tard on attrapera un homme à une maison certaine.

(1) En Proensa soi tornatz — morir, cum lebres en jatz. (P. Vidal dans Raynouard) c'est-à-dire : En Provence, je suis retourné mourir comme lièvre en gîte.

En allemand, on dit : *Wo der hase gesetzt ist, will er bleiben.*

13. — Quand un lièvre se dresse sur ses deux pattes de derrière, on dit qu' :

Il fait la chandelle
Il fait le chandelier

14. — Proverbe de chasseurs :

Avoine pointant
Lièvre gisant.

Car alors les lièvres tiennent les avoineries, dit Leroux, *Dictionnaire comique.*

15. — Autre proverbe :

En petit buisson trouve-on grand lièvre. Cotgrave.

Voyez à l'article *Castor* un proverbe analogue.

16. — Le lièvre est très-peureux de sa nature ; de là, les expressions :

Plus couard qu'un lièvre. Cotgrave.
Fuyard en lièvre (1). Cotgrave.
Peureux comme un lièvre.

Aussi dit-on, que ce n'est pas en faisant du bruit qu'on pourra l'approcher ; d'où, les expressions :

Vouloir prendre le lièvre au son du tambour.
Prendre le lièvre au tabourin. Cotgrave.
Nou gahen pas las lèbes a cop de tambouris.
Béarn, REINSBERG-DURINGSFELD, t. 1, p. 357.

Embé tambourins, non s'y prenon lebrés.
Provence, id.

Ciapê la levar cun e car.
(Romagnol), id.

(1) Cotgrave traduit fuyard en lièvre par = that runs when he should resist ; or (more properly) that runs because he cannot resist.

17. — Les proverbes suivants expriment la même idée que celui qui dit :

Il ne faut pas vendre la peau de l'ours avant de l'avoir tué :
— C'est viande mal prête que le lièvre en buisson.
— Ce n'est pas viande preste que lièvre en genestay.
— N'est pas preste viande lievre en fugere. (ancien français)
(Reinsberg-Duringsfeld, t. 1, p. 120.)

— Un levraut dans un buisson n'est pas viande prête à manger
— Fâou pa coupa lous lardous, avan de prênë la lêbrë. Languedoc.
— Faut pas crompar (1) lardons davant que de prendre la lebre.
(Provence) Reinsberg-Duringsfeld, t. 1, p. 121.

18. — On dit d'une chose qu'on ne peut attraper :

C'est sur la queue du lièvre.
(Tulle, Béronie.)

(Le lièvre n'a pas de queue.) (2)

19. — Les proverbes suivants rappellent le fameux *Sic vos non vobis* :

L'un ba lou boûissou, l'autre pren la lebre.
Languedoc, Reinsberg-Duringsfeld, t. 1, p. 174.

L'un batte lou bouisson, l'autre pren la lebre.
Provence, idem.

Les chiens vous mangeront le lièvre.
Cotgrave.

Cf. Le proverbe espagnol : **Levantar la liebre para que otro la jaco.**
Reinsberg-Duringsfeld, t. 1, p. 174.

20. — Autre proverbe :

Il ne faut pas courir deux lièvres à la fois.
— Qui chasse deux lièvres n'en prend pas un.
— Qui duhes lebez bo è casse
L'une perd, l'aute que passe.
Gascogne, Reinsberg-Duringsfeld, t. 2, p. 432.

(1) Acheter.
(2) (Ou plus exactement presque pas.)

21 — On dit proverbialement :

Avoir une mémoire de lièvrê

c'est-à-dire oublier facilement, parce que le lièvre malgré ses frayeurs revient aux endroits où il a été chassé.

22. — Autre proverbe :

Prendre le lièvre au collet ;
Prendre le lièvre au corps ;

cela veut dire selon Leroux, *Dictionnaire comique*, prendre une affaire de bon biais, donner la décision d'une question.

23. — Autre proverbe :

C'est là que gît le lièvre ;

c'est-à-dire voilà le fin, le secret d'une affaire (*Leroux*) ; voilà le nœud de la question, de la difficulté.

Cf. Proverbe allemand : **Da liegt der hase im pfeffer.**
Proverbe hollandais : **Daar ligt de haas in het zout** (dans le sel).
Proverbe italien : **qui giace la lepre.**

Reinsberg-Duringsfeld, t. 1, p. 357.

24. — Proverbe :

Lancer un lièvre ;
Lever un lièvre ;

= Susciter une difficulté.

25. — Proverbe :

Bailler le lièvre par l'oreille à quelqu'un,

Cela équivaut à dire : tromper, leurrer quelqu'un.

26. — Proverbe :

Faire accroire que les lièvres pondent et font des œufs.

Cotgrave.

27. — Proverbe :

Bon est lièvre, dont la peau coûte cent sous.

Cotgrave.

28. — Proverbe :

Le chien ne peut pas estre chièvre
Ne le connin devenir lièvre.
(Champagne, REINSBERG-DURINGSFELD, t. 1, p. 64.

Non se fa d'uno lebre un lion.
(Provençal moderne, id.)

29. — Proverbe :

Il n'y a pas de méchant lièvre, ni de petit loup.
(Lorraine), recueilli personnellement.

Les paysans qui méprisent le gibier-plume font au contraire grand cas d'un lièvre, si petit soit-il ; (méchant, = chétif, petit) ; quant au loup, on est enchanté d'en être délivré quel que soit son âge.

30. — Proverbe :

Que court méy ue lèbre de chéys més que û asou de sept ans (1).
Béarnais, REINSBERG-DURINGSFELD, t. 1, p. 333).

Cf. Le proverbe allemand : **Die Grœsse thut's nicht, sonst überliefe die Kuh den Hasen.** (idem).
Et le proverbe bavarois : **Es liegt nicht an der Grœsse, sonst würde die Kuh einen Hasen erlaufen.** (idem).

31. — Proverbe :

Daou temps che lou chi pisso
La lèbre se fugis. Languedoc, Thiessing, p. 74.

32. — Dicton breton armoricain :

Leuskel gedon da redęk. = Mettre les lièvres à courir, (c'est-à-dire mentir.) SAUVÉ, *Revue celtique.*

II.

1. — Proverbe.

Pas à pas, le bœuf prend le lièvre. (COTGRAVE).
Une vache prend bien un lièvre. (COTGRAVE).

(1) Un lièvre de six mois court mieux qu'un âne de sept ans.

Allusion à quelque conte que je ne connais pas.

Voyez ci-dessus § 30.

2. — Rencontrer un lièvre le matin porte malheur [1].

THIERS, t. 1, p. 209.

Dans Moscherosch, *Visions curieuses et véridiques de Philandre de Sittewald, Strasb., 1650*, t. I, p. 482, nous trouvons parmi les préjugés populaires de son temps :

Celui qui rencontre un lièvre sur son chemin, doit se retourner trois fois, sans quoi il lui arrivera malheur.

Revue d'Alsace, 1851, p. 560.

« Je vous dy que quant aucun se met en chemin et un lièvre lui vient au-devant, c'est un tresmauvais signe, et pour tous dangiers éviter, il doit par trois fois soy retourner dont il vient, et puis aler son chemin, et alors sera il hors du péril. »

Evangile des Quenouilles, édit. JANNET, p. 33.

3. — Quand on veut être beau ou belle pendant sept jours de suite, on doit manger du lièvre.

LE ROUX, *Dictionnaire Comique*, au mot *lièvre*, et *Postillon lorrain* (Almanach) 1841, p. 35.

4. — Voici comment on explique dans le pays messin, pourquoi les lièvres ont la lèvre fendue :

Eune jonaye i lieuf pèsseu delé eune mahh, totes les reines atin au sla; qua l'ont ôyi don bru, l'ont sauteu dans lè mahh; lo lieuf en eu tant ri qui s'eu fendu lè potte.

(Un jour un lièvre passait près d'une mare, toutes les grenouilles étaient au soleil ; quand elles ont entendu du bruit, elles ont sauté dans la mare; le lièvre en a tant ri [2] qu'il s'est fendu la lèvre.) Recueilli personnellement.

(1) Dans certaines parties de l'Angleterre, on croit qu'un lièvre qui suit le chemin qui traverse le village annonce un incendie dans les environs immédiats. (Notes and Queries, 1re série, t. III, p. 3.)

Dans le Forfarshire, en Ecosse, il y a des pêcheurs qui, rencontrant un lièvre traversant le chemin devant eux lorsqu'ils vont à leurs bateaux, ne prennent pas la mer ce jour-là. (Idem, 2e série, t. IV, p. 25.)

« **Wenn man ausgeht und es lauft einem ein Hase über den weg, so hat man Unglück.** » Basse-Autriche, Blaas, dans la Germania, 1875, p. 350.

(2) Il a ri de ce que lui, le poltron par excellence, avait fait peur aux autres.

5. — On lit dans l'*Evangile des Quenouilles*, édition JANNET, p. 19 :

« On ne doit point donner à jones filles à mengier de la teste d'un lièvre, afin qu'elles marieez n'y pensent, car pour certain, leurs enfans pourroient avoir leurs levres fenduez. »

LEPUS ALBUS.

(Variété du LEPUS TIMIDUS.)

Il y a une variété blanche du lièvre qui se trouve dans certaines montagnes, elle porte les noms de :

BLANCHON, *m.* Montagnes de la Savoie. Ch. Godde, journal des Chasseurs, 1865-66, p. 22.

LEBRÉ BLANCA, *f.* Nice, Risso.

LEPUS CUNICULUS. L.

LE LAPIN.

I

1. — D'un radical *lap* qui est peut-être le même que le radical *clap* dans *clapier* viennent :

LAPIN, *m.* français.

LLAPIN, *m.* catalan des Pyrénées-Orientales, Companyo.

LAIPIN, *m.* Ban de la Roche, Oberlin.

et peut-être :

NAPAI (lapin-mâle), wallon, Grandgagnage.

Cf. **Lampe, lamper,** (lap. mâle), anc. flamand, Grandgagnage. — **Lampreel, lamprey** (jeune lapin), néerlandais.

2. — D'un radical *rab* ou *rob* dont l'origine est obscure, viennent :

RABOTTE, *m.* Centre, Jaubert

ROBETTE, wallon, Selys Longchamps, Grandgagnage, Deby.

Voy. plus bas le mot *Rabouillère.*

Cf. **Rabbit,** anglais. — **Rabbet,** anglais, Charleton, p. 20, Cotgrave. — **Robbe, robbeken,** anc. hollandais, Nemnich.

3. — Du latin *cuniculus*, viennent :

CONNIL, *m.* anc. français ; Ardennes, Marne, Tarbé.
COUNIL, *m.* anc. français, Cotgrave.
CONNIN, *m.* anc. français ; wallon, Selys Longchamps, Deby.
COUNIN, *m.* anc. français, Cotgrave ; Centre, Jaubert.
COUNIEOU, *m.* provençal, Castor.
CUNIN, *m.* Ardennes, Tarbé.
COENIN, *m.* Champagne, Tarbé.
COUNI, COUNNI, *m.* Centre, Jaubert ; Suisse romande, Bridel.

Cf. **Coniglio**, ital. — **Conegg**, Brescia, Nemn. — **Cuniggio**, Gênes, Descr. — **Cuniglio**, Sard. Azuni (2e vol. p. 50.) — **Conejo**, esp. — **Coelho**, port. — **Coney**, **Cony**, angl. — **Conyng**, dial. angl. du Nord, XVe siècle, Morris (**Liber cure cocorum**). — **Kiunnin**, Orkney, Shetland, Edmondst. — **Kaninchen**, all. — **Kaninich**, **kuniglein**, **küngeli**, **künlein**, **küngele**, **kunelle**, **künigel**, **kanin**, **cannickel**, etc. Différ. dial. allemands, Nemn. — **Connigl**, **coulin**, bret. arm. Taslé.

4. — La femelle porte les noms de :

LAPINE, *f.* français.
CONNILLE, *f.* ancien français, Cotgrave.
CONNINNE, *f.* ancien français, Nemnich.

Un jeune lapin s'appelle :

LAPEREAU, *m.* français.
CONNILLET, *m.* ancien français, Nemnich.

Cf. **Coniglietto**, italien. — **Laparo**, portugais, Nemnich.

5. — Le lieu où se retirent, où se terrent les lapins porte les différents noms suivants :

RABOLLIÈRE, *f.* ancien français, Cotgrave.
RABOUILLÈRE, *f.* français.
CONNILIÈRE, *f.* ancien français.
CONNINIÈRE, *f.* ancien français.
COUNILIÊIRO, *f.* Languedoc, Sauvages.
HOULETTE DE CONNIL, *f.* ancien français, Cotgrave.
MANCHÉE, *f.* normand, Travers et Dubois.
DUYÈRE, *f.* ancien français, Cotgrave.

L'endroit où il y a beaucoup de lapins et dont on se réserve la chasse s'appelle :

GARENNE, *f.* français.

(Le lapin sauvage est dit *lapin de garenne* et le lapin

domestique *lapin de clapier*, ou simplement *clapier*. Le clapier est le réduit où l'on élève les lapins domestiques.)

Cf. **Connigry, warren of connies**, anglais, Cotgrave.

6. — On appelle dans les Ardennes le chasseur de lapins et le garde des garennes :

CONNILEUR, *m*. Ardennes, Tarbé.

7. — On appelle en style commercial le lapin sauvage dont la peau est mélangée de poils blancs et noirs :

Riche, français.

Cette peau est plus estimée que celle des autres lapins.

8. — On dit d'un homme qui soigne sa toilette :

Il est paré comme un lapin.
Brave comme un lapin.

Tout le monde sait que le lapin a le plus grand soin de sa petite personne.

9. — On dit d'un homme à courte mémoire :

Il a une mémoire de lapin

On en dit autant du lièvre. (Voyez article *Lièvre*.)

10. — On dit d'un homme ardent en amour :

Chaud comme un lapin,

expression justifiée par l'ardeur amoureuse et la fécondité indéfinie de cet animal.

On dit d'une femme qui a beaucoup d'enfants :

C'est une lapine.

11. — Ancien proverbe :

Connin et vilain avec la main. Cotgrave.

c'est-à-dire, je pense, qu'il faut tuer le lapin avec la main, (c'est ce qu'on appelle le *coup du lapin*, qui consiste en un coup sec sur le derrière de la tête) et qu'il faut donner au vilain des corrections exclusivement physiques et manuelles.

12. — Le verbe :

CONNILLER, ancien français,

a 1° le sens de se sauver, chercher à fuir comme le lapin dans quelque coin ou quelque trou, avoir peur ;

2° Celui de tromper, chercher des subterfuges, n'être pas franc.

Cf. Pour le dernier sens, les mots anglais : **Connicatch**, tromper ; **connicatcher**, trompeur, imposteur ; **connicatching**, tromperie.

II

1. — Les lapins quand ils se multiplient deviennent un fléau pour la culture. Voici un moyen de les rendre inoffensifs.

« Prenez du sel dans une assiette, la quantité qu'il faut y mettre dépend du terrain que l'on veut conserver. Ayez des fientes de lapin et cinq morceaux de tuiles ramassées à une procession ou dans un cimetière, puis étant à la place où vous voulez faire cette expérience, vous la commencerez du côté du soleil levant, tête nue et à genoux, vous direz ce qui suit et ferez les croix sur le sel : + dant + dant + dant + sant + Héliot et Valiot, Rouvayet; viens ici je te prends pour mon valet pour garder ici à ces maudits lapins et lapines qu'ils aient à passer et repasser au travers cette pièce (nommer le grain) que voici présente devant Dieu et devant moi, sans faire aucun tort ni dommage, qu'ils soient bridés de la part de Réveillot, car je te fais commandement et je te conjure, de la part du grand Dieu vivant, de m'obéir, toi et tes camarades, à ce que je vais te demander, c'est de garder pendant trois mois et trois lunes cette pièce (nommer le grain) que voilà ici présente devant Dieu et devant moi, comme aussi je le crois par la croyance que j'ai en toi. Ainsi, je le crois que tu le feras ; ainsi je le crois par la vertu de ce sel béni de Dieu, et des tuileaux, et des fientes desdites bêtes maudites, lapins et lapines ; ainsi je le crois par toutes les forces et puissances que tu peux avoir sur eux ; ainsi je le crois.

Faites un trou en terre, posez dedans une fiente, disant : Rou et Rouvayet, viens ici, je te prends pour mon valet.

Posez sur la fiente une pincée de sel, disant: Sel je te mets de la main que Dieu m'a donnée ; Rou et Rouvayet je te prends pour mon valet.

Posez ensuite un tuileau, disant : Tuileau, je te pose de la main que Dieu m'a donnée.

Frappez de la main gauche sur le tuileau, faisant un tour à droite, disant : Rou et Rouvayet, viens ici, je te prends pour mon valet.

On en fait autant aux trois autres coins, puis on traverse au milieu de la pièce, où l'on fait comme à un des coins; puis de ce milieu, on revient au premier coin pour y commencer vos jets : au premier, vous dites : Sel, je te jette de la main que Dieu m'a donnée, ancre à la Vierge. Vous continuez vos jets, disant seulement après le premier, ancre à la Vierge. Etant de retour où vous avez commencé, vous prenez le restant de votre sel et en faites un seul jet disant : Rou et Rouvayet, viens ici, je te prends pour mon valet.

(*Grimoire* du pape HONORIUS.) (1)

2. — Il est nuisible pour la mémoire de manger de la cervelle de lapin, parce que celui-ci a la mémoire courte.

JOUBERT, p. 170.

CERVUS ELAPHUS. L.

LE CERF.

I.

1. — Du latin *cervum* viennent :

CER, CERV, *m.* ancien provençal, Raynouard.
CERF, *m.* français, (prononcez cer ou cerf').
ÇAR, ÇARF, *m.* Centre, Jaubert.
CIAIRE, CIER, *m.* Liége, Forir, wallon; Selys Longchamps, Deby
CIÂ, *m.* Vosges, Jouve.
CIE, *m.* Montbéliard, Salher.
THÈ, *m.* Suisse romande.

Cf. **Cervo**, italien. — **Çervio**, Naples, **Costa**. — **Chervu**. Sardaigne, Azuni. t, II, p. 27. — **Zerv**, ladin. — **Ciervo**, espagnol. — **Karo**, **Karf**, breton armoricain, Taslé.

2. — La femelle s'appelle :

CERVIA, *f.* ancien provençal, Raynouard.

(1) Ce grimoire du pape Honorius est, je crois, la traduction française de l'ouvrage latin : **Conjurationes adversus principem tenebrarum et angelos ejus**; **Romæ**, **1529**, 1 vol. in-32, qu'on attribue au pape Honorius III.

CERVE, *f.* ancien français, Cotgrave.
BISSE, *f.* ancien français.
BICHE, *f.* français.
BICHO, *f.* provençal moderne.
BIH, *f.* wallon.
VAICHE SAUVÉGE, *f.* Lorraine, recueilli personnellement.

L'étymologie de *biche* est obscure. — Le mot semble être un doublet de *bique*, chèvre ; en effet, le mot *buck* sert en anglais à désigner le cerf mâle et le daim, *Cotgrave, Charleton*, p. 11.

Cf. **Cerva**, italien. — **Cerva**, catalan. — **Cierva**, espagnol. — **Becia**, piémontais.

3. — Le petit cerf jusqu'à l'âge de six mois, porte les noms de :

FAON, FAN, *m.* français.
SERVIOS, *m.* ancien provençal, Raynouard.
CERVIAT, *m.* ancien provençal, Raynouard.
BICHAT, BICHETAT, *m.* ancien français, dans des documents de 1413, et de 1460, Ducange.

Cf. **Cerviatto**, italien. — **Cervato**, espagnol. —

4. — A un an, le faon devient :

HERE, HAIRE, *m.*

5. — Quand il lui pousse sur la tête deux bosses en forme de dagues, il prend le nom de :

DAGUET, *m.*
DAGART, *m.*
BROCARD. *m.*

Cf. **Brocket**, anglais = cerf jusqu'à trois ans.

6. — A trois ans on le dit :

Cerf à sa seconde tête,

seulement à sa seconde, bien qu'il ait trois ans parce que la première et la seconde année ne comptent que pour une tête.

7. — A quatre ans il est dit :

Cerf à sa troisième tête.

8. — A cinq ans :

Cerf à sa quatrième tête.

9. A six ans :

Cerf dix-cors jeunement.

10. — A sept ans :

Dix-cors.

11. — Voici par ordre alphabétique différents termes de vénérie extraits de l'excellent ouvrage de d'*Yauville* sur la vénerie du cerf, 1788.

ABOIS. — Lorsqu'un cerf est forcé et qu'il tient aux chiens il est aux abois, ou il tient les abois.

ABOYER. — Un cerf forcé attend les chiens qui l'aboient, ce n'est que quand le cerf tient les abois qu'on se sert du terme d'aboyer; on dit les chiens crient et non pas les chiens aboient quand ils chassent.

ACCOMPAGNÉ. — Un cerf s'accompagne lorsqu'il trouve d'autres cerfs ou des biches et qu'il se fait chasser avec eux; lorsqu'on s'en aperçoit, on dit en parlant aux chiens : *Il est accompagné, valets, il y est; il y est.*

ALONGÉ. — Lorsqu'après avoir mis bas, un cerf pousse sa nouvelle tête et qu'elle est entièrement refaite, on dit :

Le cerf a tout alongé.

Un cerf a tout alongé trois semaines avant de toucher au bois.

BATTRE L'EAU. — Lorsque le cerf donne à l'eau, on dit : *le cerf bat l'eau*, et quand il en est sorti l'on dit : *il a battu l'eau.*

On dit de même :

Les chiens battent l'eau.

BIZARRE. — Une tête bizarre est une tête de cerf mal faite.

BOSSES. — Quand le jeune cerf a six mois, il lui pousse sur le massacre deux petites élévations qu'on nomme bosses.

BRAMER. — Terme dont on se servait autrefois, pour dire que les cerfs étaient en rut. On dit à présent les cerfs crient, et non pas les cerfs brament [1].

BRÉHANNE, BRÉHAIGNE. — Vieille biche qni ne porte pas de faon.

CERVAISON. — Lorsqu'un cerf est bien gras, on dit : *il est en pleine cervaison*.

CERVEAUX, CERF-VA-AUX. — Terme dont on se sert pour appuyer les chiens lorsqu'ils chassent en crainte ou qu'ils rapprochent. On prononce cer-va-aux.

CHEVILLÉ. — Une tête de cerf est bien chevillée lorsqu'elle a beaucoup d'andouillers, et mal chevillée lorsqu'elle en a peu.

CHEVILLURE. — Troisième andouiller le long du merrain au-dessus de la meule.

CIMIER. — Croupe du cerf. — Les cimiers sont deux morceaux de chair que l'on coupe sur le cimier de l'animal.

CORSAGE. — On dit : ce cerf est petit ou gros de corsage, brun ou blond de corsage.

CROIX DE CERF. — Cartilage qui se trouve dans le cœur du cerf; plus l'animal vieillit, et plus ce cartilage grossit et s'endurcit.

DAGUER [2]. — On dit : j'ai vu un cerf *daguer*, au lieu de dire : j'ai vu un cerf couvrir une biche.

DAGUES. — Première tête du cerf.

DAGUET. — Jeune cerf qui a des *dagues*.

DAINTIERS. — Testicules du cerf.

DIX CORS. — Un cerf est *dix cors* à sept ans.

DROITE. — La tête droite est la tête de cerf qui n'est pas arrondie.

EMPAUMURE. — Le haut de la tête du cerf et les andouillers qui la terminent.

FAIRE SA TÊTE. — Un cerf pousse ou fait sa tête depuis le mois de mars jusqu'au mois d'août.

[1] Quoiqu'en dise **d'Yauville**, le mot **bramer** est encore usité aujourd'hui. —Dans le pays de Liége, on dit : **li ciair brai,** = le cerf brame. Forir.

[2] Dans le pays de Liége, on dit : **li ciair va pochi l'bih.** = Le cerf va daguer la biche. (Forir.)

FAN, FAON. — Le cerf (ou la biche) garde ce nom jusqu'à six mois.

FAUX REPAITRE. — En passant une plaine, un cerf chassé et malmené, s'arrête et prend dans sa gueule le grain ou l'herbe qu'il trouve devant lui; mais, ne pouvant l'avaler, il le laisse tomber l'instant d'après; c'est ce qui s'appelle faire un *faux repaitre*; cela prouve que le cerf est tout-à-fait sur ses fins.

FINS. — Un cerf est sur ses fins quand il est prêt à être forcé.

FORHU. — Panse du cerf que l'on porte au bout d'une fourche, après la curée, pour exciter les chiens.

FORHUER. — Crier après les chiens. C'est une erreur de croire qu'on forhue des chiens en sonnant sur le grêle, ce terme ne devant avoir rien de commun avec la trompe.

Forhuer, signifie, selon moi, huer ou crier fort; il paraît que M. de Fouilloux et plusieurs autres pensent de même; on forhue des chiens pour les faire revenir à soi.

FORLONGÉ. — Un cerf est forlongé, parce qu'il est loin devant les chiens; on dit indifféremment :

Le cerf est forlongé ou le cerf a beaucoup d'avance.

FRAYÉ BRUNI. — Lorsque les cerfs touchent au bois, leur tête reste blanche quand la peau en est enlevée, mais peu de jours après elle prend la couleur que naturellement elle doit avoir et pour lors on dit le cerf a *frayé bruni*.

FUMÉES [1]. — Fientes du cerf, de la biche.

GLAIRES. — Les biches jettent des *glaires* avec leurs *fumées*.

GOUTTIÈRES. — Espèce de rigole le long du merrain du cerf.

GROS DÉNOMES. — Les deux gros morceaux de la cuisse du cerf.

GUEULE. — On ne dit pas la bouche, mais la gueule d'un cerf.

HAIRE. — Lorsque le faon mâle a six mois, il quitte le nom de faon et se nomme *haire*, alors les bosses commencent à paraître.

HARDE. — Lorsqu'il y a plusieurs cerfs et biches ensemble on dit voilà une harde et non pas une bande de cerfs.

(1) Dans le pays de Liége les Fumées sont dites: **Sitron d'ciair**. (Forir).

HARPAILLE. — Certaine quantité de biches et de jeunes cerfs.

HARPAILLER. — Quand les chiens tournent au change, qu'ils se séparent et qu'ils chassent des biches, on dit: les chiens chassent mal, ils ne font que *harpailler*.

JARRET. — Lorsque les chiens chassent presque à vue un cerf mal mené, on dit qu'ils lui mangent les *jarrets*.

JOINTER. — Un cerf est haut jointé, ou bas jointé selon la distance qui se trouve entre les os et le talon.

LAMBEAUX. — Le refait du cerf est couvert d'une peau veloutée et lorsque l'animal touche au bois des morceaux de cette peau restent quelquefois pendant le long du mairrain ou des andouillers, et ces morceaux pendants se nomment *lambeaux*.

LARMIÈRES. — Deux fentes qui sont au dessous des yeux du cerf.

LEVER. — On ne dit pas couper mais lever le pied du cerf.

LIVRÉE. — Le faon de biche naît avec des taches blanches sur tout le corps, ce qui s'appelle porter la livrée ; lorsque le faon a quatre ou cinq mois, ces taches s'effacent et l'animal a *quitté la livrée*.

MARRAIN OU MAIRRAIN. — Les marrains du cerf sont les deux perches d'où sortent les andouillers. On dit: *Ce cerf a le marrain grêle*, lorsque la perche est menue, et *Ce cerf a le marrain bien nourri*, lorsqu'elle est grosse. Un cerf a le marrain grêle ou bien nourri à proportion de son âge et souvent à proportion de la bonne ou mauvaise nourriture qu'il a trouvée en faisant sa tête.

MAL SEMÉ. — Un cerf *porte dix, douze, etc., mal semé* lorsqu'il a plus d'andouillers à une empaumure qu'à l'autre ; et il porte bien semé lorsque le nombre des andouillers est égal aux deux empaumures.

MASSACRE. — On dit *massacre* et non la tête du cerf. Ce qui se nomme la *tête* sont les marrains, les andouillers, etc.

MENUS DROITS. — La langue, les molettes, les petits filets du cerf. Autrefois on les portait chez le roi.

METTRE BAS. — Les cerfs mettent bas au mois de mars, c'est-à-dire que la tête ancienne tombe pour faire place à la nouvelle.

MEULE. — Espèce de couronne qui termine la partie inférieure de chaque côté de la tête du cerf.

MOLETTES. — Tendons des épaules et des cuisses du cerf.

MUE. — On appelle *mue de cerf* les deux côtés de tête que l'animal a mis bas; un seul côté se nomme une mue, les deux côtés, les deux mues.

MUER. — Quoiqu'on dise mue de cerf, on ne dit cependant pas les cerfs muent, mais les cerfs mettent bas.

MUFFLE. — On dit: le muffle d'un cerf comme le muffle d'un bœuf et d'une vache.

MULET. — Lorsqu'un cerf a mis bas et qu'il n'a pas encore de refait, on lui donne le nom de *mulet*.

MUSER. — [1] Lorsque les cerfs deviennent en rut, ils vont et viennent le long des routes et des chemins, mettant le nez à terre pour chercher des biches. C'est ce qui s'appelle *muser*.

MI-MAI. — On dit ordinairement: *mi-mai*, *mi-tête*, c'est-à-dire qu'en ce temps, les gros cerfs ont leur tête à moitié refaite; on dit aussi : *mi-juin*, ou *mi-graisse*, parce que pour lors, les cerfs commencent à être gras, mais ne le sont pas encore autant qu'ils le seront au mois de juillet, aussi dit-on : *en juillet*, *tout y est*, c'est-à-dire qu'en ce mois ils sont en pleine graisse et que leur tête est refaite.

NAPPE. — On ne dit pas la peau, mais la nappe d'un cerf.

NERF. — Le nerf du cerf est la partie de cet animal qui sert à la propagation de son espèce.

NOIX DE CERF. — Morceau levé de l'épaule.

PARAMOND. — On disait autrefois : ce cerf porte quatre ou six de paramond, c'est-à-dire : quatre ou six andouillers à chaque empaumure; on ne se sert plus aujourd'hui de ce terme. On dit: ce cerf porte quatorze, seize, etc. bien ou mal semés.

(1) Dans le pays de Liége, on dit : **li ciair è l'bih ki chôdlet,** c'est-à-dire : Le cerf et la biche sont en muse. Forir.

PELAGE. — On dit pelage et non poil de cerf.

PERCHES. — Ce sont les deux côtés de la tête du cerf quand ils ne sont pas garnis d'andouillers.

PORTÉ PAR TERRE. — Lorsqu'un cerf est forcé, et que les chiens le font tomber, on dit : le cerf est porté par terre, ou, les chiens l'ont porté par terre.

PORTER. — Lorsqu'un cerf pousse sa nouvelle tête, il porte quatre, six ou huit de refait, et lorsque sa tête est refaite, il porte depuis dix jusqu'à vingt-quatre à l'empaumure.

RAIRE. — Lorsque les cerfs commencent à devenir en rut, ils font un cri fort et redoublé. C'est ce qui s'appelle *raire.*

RAVALER. — Lorsqu'un cerf est très-vieux, il pousse des têtes irrégulières et basses, on dit alors : c'est un cerf qui *ravale.*

REFAIRE SA TÊTE. — Lorsqu'un cerf a mis bas, ou même quelque temps avant que de mettre bas, il se retire dans un buisson (= bois détaché d'une forêt) pour y refaire et pousser tranquillement sa tête.

REFAIT. — La nouvelle tête que le cerf pousse après avoir mis bas se nomme *refait*, jusqu'à ce que l'animal ait touché au bois; un cerf porte quatre ou six de refait.

RETIRÉ. — Lorsqu'un cerf est forcé, il est pour ainsi dire desséché, ce qui fait qu'il ne peut plus souffler ni tirer la langue; on dit alors : *il est retiré,* il sera bientôt pris.

ROUÉE. — La tête rouée, est une tête de cerf dont les merrains sont courbés en dedans; elle est rouée du haut quand la courbure est près de l'empaumure.

SEMER. — Un cerf sème ses fumées, lorsqu'en marchant, il les jette les unes après les autres.

SUIF. — La graisse du cerf s'appelle suif.

SUR ANDOUILLER. (1) — Second andouiller de la tête du cerf. Celui qui est le plus près de la meule, se nomme *premier andouiller,* le second, *sur-andouiller*, et le troisième *chevillure.*

TAYAU. — On crie *tayau, tayau*, quand on voit le cerf de chasse.

TÊTE COUVERTE. — On dit qu'un cerf a la tête couverte, lorsqu'il est rembûché ou entré dans les demeures.

(1) Pour l'étymologie du mot **andouiller**, V. **Romania** 1875, p. 349.

TOURNER LES PIEDS. — Un cerf mal mené, tourne les pieds en courant, ne pouvant plus par lassitude se tenir et marcher ferme.

TROCHURE. — Le quatrième andouiller. Il est rare.

A cette liste des termes de vénerie du cerf, nous n'en ajouterons que quelques-uns :

Ce qui suit fera comprendre ce que c'est que le *Frayoir* :

C'est par le frayoir que l'homme le plus inexpérimenté peut décider, sinon tout-à-fait de l'âge, du moins du sexe de la bête détournée. Lorsque le cerf a refait sa tête, il cherche à la dépouiller de la peau dans laquelle elle reste enveloppée, et pour cela il se frotte aux hardois ou *hardouées*, touffes de branches flexibles, n'offrant que peu de résistance, dans ce premier essai fait craintivement par le cerf dont la tête est sensible. Quand il a supporté ce premier essai sans douleur, il commence à frotter son bois contre les jeunes arbres, les bouleaux, les sapins, qu'il écorche et qu'il plie jusqu'à terre. C'est là le *frayoir*, opération désastreuse pour le repiquage des forêts, et particulièrement pour les sapins. Le cerf arrive à eux, s'arrête pour observer si quelque danger le menace, et voyant la sécurité au loin, autour de lui, il ne quitte l'arbre contre lequel il frotte sa tête avec une sorte de fureur que lorsque cet arbre est en lambeaux. Et ne croyez pas que les cerfs s'attaquent exclusivement à de jeunes arbres ; suivant leur âge, selon leur taille, les arbres à frayoir doivent être plus gros et j'ai vu des sapins de vingt ans dépouillés depuis leur base jusqu'à la sixième ou septième couronne; autant dire des sapins perdus.

Prosp. Vialon. *Chasse illustrée* du 21 décembre 1872.

Ensuite voici le terme *abattures* que le Dictionnaire de Trévoux définit ainsi :

ABATTURES = Foulure, menu bois, broussailles, fougères que le cerf abat de son ventre en passant. *On connaît le cerf par ses abattures.*

A Liége, les *abattures* portent le nom de *piss de ciair*, (FORIR).

Le cerf *fait le ronge* lorsqu'il rumine.

Dans le pays de Liége, on dit *li ciair sprongèie*, dans le même sens.

12. — Les bois de la tête du cerf portent les noms de :

BOIS DE CERF, *m.* français.
CORNE DE CERF, *f.* français. (terme commercial).
KOINN DI CIAIR, Liége, Forir.
BANZ, *m.* ancien prov. Raynouard.
BANA, BANDA, *f.* ancien prov. Raynouard.

Cf. **Banya**, cat. — **Sas banderas**, (mot à mot les bannières = les bois de cerf, Sardaigne, Azuni, 2e vol. p. 27.

On appelle cors (au pluriel), les cornes qui sortent des perches du cerf (du mot latin *cornu*).

On appelle :

OS

les ergots placés derrière le talon du cerf.

Chasse illustrée, t. 1, p. 103.

13. — Proverbe :

Les cerfs laissent leurs têtes aux lieux les plus inaccessibles qu'ils peuvent, où on ne les pourrait trouver, d'où est venu le proverbe, qu'on dit des choses malaisées à trouver : *qu'elles sont où le cerf a getté ses cornes.*

MATTHIOLI, p. 243.

14. — Les blessures que fait le cerf au chien ou même à l'homme, passent pour être plus souvent mortelles que celles faites par le sanglier, de là les proverbes :

Après le cerf la bière,
Après le sanglier le mière (1).
— Au cerf la bierre, au sanglier le barbier (2).

(1) Le médecin.

(2) Le barbier autrefois cumulait ses fonctions avec celles de chirurgien.

15. — Proverbe :

Qui est âne et veut être cerf, se connaît au saut du fossé.

MÉRY, t. III, p. 51.

16. — Proverbe :

Plus terrible est la compagnie de cerfz desquels le lyon est le chef, que les lyons desquels le chef est le cerf.

LEROUX DE LINCY, *Proverbes*.

17. — Proverbe :

Le cerf et la truite ont la même saison.

LEROUX DE LINCY.

(Je ne comprends pas le sens de ce proverbe.)

18. — Ung cerf les signes de ses piez abolit pour mieux se muser (cacher).

BOVILLI, (*Prov.* XVIe siècle) cité par Leroux de Lincy.

19. — Sers comme cerf, ou, fuy comme cerf.

LEROUX DE LINCY.

20. — Locution :

Faire le cerf de quelque chose.

COTGRAVE.

c'est-à-dire, ne pas faire attention à cette chose.

Je ne connais pas l'origine de cette locution.

21. — On dit d'une personne qui marche la tête haute, qu'elle porte son bois comme un cerf.

Exemple :

Ç'te grande fillaude, elle porte son bois comme un çarf.

Centre, Jaubert.

22. — On dit :

S'enfuir comme une biche
S'enfuir comme un cerf

et l'argot moderne dit :

Se déguiser en cerf

c'est-à-dire, se sauver.

II.

1. — Proverbe :

> Quand le cerf vient à morir
> Tourne ses yeux vers le midy.

LEROUX DE LINCY.

2. — On fait avec les cornichons du cerf, par la distillation, ce qu'on appelle l'*eau de tête* ou de *cru de cerf*; c'est un remède souverain pour faciliter l'accouchement et contre les fièvres malignes.

POMET, *Chapitre des Animaux*, p. 34.

3. — En Bretagne, on croit à l'apparition fantastique de la biche blanche de sainte Nennoch ; elle court, dit-on, la Bretagne à la tombée du jour, et c'est en vain que les chiens lui montrent les dents, que les chasseurs lui lancent des balles.... Les mariés qui l'aperçoivent le jour de leurs noces, sont sûrs de mourir dans la nuit.

PITRE CHEVALIER, *Voyage en Bretagne*, cité par Laisnel de la Salle.

4. — C'était anciennement une coutume tirée du paganisme de se couvrir de peaux de cerf et de biche le premier jour de janvier et de porter en cérémonie des bois de cerf sur les épaules. Cette coutume fut improuvée par un article du concile d'Auxerre, ainsi conçu :

Non licet calendis januarii vitulâ aut cervulo facere, vel strenas diabolicas observare.

MERY, t. III, p 51.

5. — « Qui rencontre un loup, un cerf ou un ours, c'est tresbon signe. » *Evangile des Quenouilles*, édit. JANNET, p. 33.

CERVUS CAPREOLUS. L.

LE CHEVREUIL.

I.

1. — Du latin *capreolum*, viennent :

CABROL, *m.* ancien provençal, Raynouard; languedocien, Azaïs.
CABIROL, *m.* ancien provençal, Raynouard.
CABRÔOU, *m.* Languedocien, Sauvages.
CHEVREUL, *m.* ancien français, Cotgrave.
CHEVREUIL, *m.* français.
TCHÉVREUL, *m.* Montbéliard, Sahler.
CHÈVREÛ, wallon; Grandgagnage.
CHÈVERIEU, *m.* Saint-Amé, Thiriat.
CHEVROU, *m.* dialecte poitevin du XIIIe siècle, Boucherie.
CHIVROU, *m.* wallon, Sélys Longchamps, Grandgagnage, Deby.
CHEVRU, *m.* Montrêt, Gaspard.
DCHEVRUE, *m.* Ban de la Roche, Oberlin.

Cf. **Cavriolo, capriuolo**, italien. — **Capreolo**, île d'Elbe, Kœstlin. — **Ciaprio, crapio**, Naples, Costa. — **Cabriolo**, ancien espagnol.

2. — On a souvent vu dans le chevreuil, une espèce de chèvre ou de chevreau à l'état sauvage, d'où ses noms de :

CABRI FÈ, *m.* Var, département du Var, grand in-folio de 104 p.
CHEVREAU SAUVAGE, *m.* français, Cotgrave.
CHAVROUX SAULVAIGE, *m.* ancien dialecte messin. (Journal de Jehan Aubrion.)
CHEVRIT, *m.* Suisse romande, Bridel.
CHEVRION, *m.* ancien français, Roman de la Rose.
BETZE (1), *f.* Bas Valais, Bridel.
BUQUET, *m.* Normand, Le Héricher.
BIQUOT, *m.* Avranches, Le Héricher.
BOCATTE SAUVAIGE, *f.* pays messin, recueilli personnellement.

3. — La femelle du chevreuil porte les noms de :

CHÈVRE, *f.* français.
CHEVRETTE, *f.* français.
CHEVRETTA, *f.* Suisse romande; Bridel.

(1) C'est le même mot que **bique, biche**.

4. — Le jeune chevreuil porte le nom de :

CHEVRILLARD, *m.* français.

5. — Le mâle d'un an s'appelle :

BROQUART, BROCART. *m.* français.

6. — En vénerie, on appelle :

HARDOUÉES. — Les brisures que le brocard fait avec la tête au menu bois de ses demeures.

RÉGALIS. — Les places où il a gratté la terre avec ses pieds de devant.

MOQUETTES. — Ses fumées (fientes).

Chasse illustrée, t. II, p. 138.

II.

1. — Rencontrer un chevreuil le matin porte malheur.

THIERS, t. I, p. 109.

CANIS LUPUS. L.

LE LOUP.

I.

1. — Du latin *lupum*, viennent :

LOP, LUP, *m.* ancien provençal, Raynouard.
LLOP, *m.* catalan des Pyrénées-Orientales, Companyo.
LOUBE, *m.* Berry, Jaubert.
LOUC, *m.* Saintonge, Boucherie, Jônain; Fontenay-le-Comte. *Revue des provinces de l'Ouest*, vol. 6, p. 687.
LOUP, *m.* français.
LAU, *m.* Suisse romande, Bridel.
LAU = LAOU, Gruyère, Cornu (Romania 1875, p. 244.)
LAOU, *m.* Meuse, Cordier; Tarentaise, Pont.
LEU, LEÛ, *m.* wallon ; picard; rouchi; Suisse romande, Bridel.

Cf. **Lupo**, italien. — **Luvo**, Gênes, Descriz. — **Lobo**, espagnol. — **Luf**, ladin des Grisons, Ascoli. — **Lovo**, vénitien.

2. — Du latin *lupam*, viennent les mots suivants qui servent à désigner la femelle :

LOBA, *f.* ancien provençal, Raynouard.

LOUBO, *f.* provençal moderne, Castor; Limousin, Chabaneau; Castres, Couzinié.

LOUBE, *f.* Berry, Jaubert.

LAUVA, *f.* Suisse romande, Bridel.

LAUA, *f.* Suisse romande, Bridel.

LOUVE, *f.* français.

LOUFFE, *f.* pays messin, recueilli personnellement.

LOUO, *f.* Castres, Couzinié.

Les noms suivants sont formés de *lupam* avec un suffixe :

LOUVESSE, *f.* Flandres, Vermesse; montois, Sigart.

LOUVRESSE, LOVRESSE, *f.* wallon, rouchi, Grandgagnage.

LOUAISE, *f.* Centre, Jaubert.

On trouve aussi la forme :

LOURE, *f.* Morvand, l'abbé Bautiau, t. I, p. 58.

Cf. **Lupa**, italien. — **Loba**, espagnol. — **Luva, leufa**, ladin des Grisons, Ascoli.

3. — Le jeune loup porte les noms de :

LOBAT, *m.* ancien provençal, Raynouard.

LOUBAT, *m.* Saintonge, Jônain.

LOUBET, *m.* Gers, Cénac Montaut.

LOVET, *m.* Suisse romande, Bridel.

LOUVET, *m.* ancien français, Cotgrave.

LOUVAT, *m.* Meuse, Cordier; français, Littré.

LOUBATOUN, *m.* provençal moderne, Castor.

LOUVETON, *m.* ancien français, Cotgrave.

LOUATOU, *m.* Castres, Couzinié.

LEÛTON, *m.* wallon, Grandgagnage.

LOUVEAU, *m.* ancien français, Cotgrave.

LOUVETEAU, *m.* français.

De un an à deux ans, le loup porte en vénerie le nom de :

LOUVART, *m.* français.

Cf. **Lupatto, lupetto, lupattello, lupattino, lupacchino**, italien. — **loveto**, vénitien.

4. — Mots dérivés de *lupum.*

LOBEYRA, *f.* (tanière de loups) ancien provençal, Raynouard.
LOUBATADO, *f.* (portée de loups) Castres, Couzinié.
LOBERNA, *f.* (peau de loup) ancien provençal, Raynouard.

5. — TERMES DE VÉNERIE.

Lorsque le loup a mangé quelque bête morte, on dit qu'il a *donné au carnage.*

BAUDRILLART.

La fiente du loup se nomme: *laissée.* id.

On dit que le loup a *couplé* ou *couvert la louve.* id.

On appelle *allaites* les tettes d'une louve. id.

Velelau! velelau! c'est ainsi qu'on parle aux chiens quand on aperçoit le loup que les chiens n'ont pas encore commencé à chasser. id.

On appelle *liteau* l'endroit ou la louve a mis au monde sa progéniture (1).

On appelle *déchaussures* le grattage semblable à celui du chien que le loup fait après s'être vidé.

On appelle *abattis,* le chemin que se font les jeunes loups, lorsqu'en allant souvent au lieu ou ils ont été nourris, ils abattent l'herbe.

Dictionnaire de TRÉVOUX.

Ligner, aligner une louve, se dit du loup qui couvre une louve.

Trésor de Nicot, Cotgrave.

On appelle ses *demeures* les endroits qu'il affectionne quand il n'a fait que se reposer en passant dans le taillis; on dit en parlant des endroits où il a laissé l'empreinte de son corps : Il a *flâtré* par là.

TOUSSENEL.

(1) On appelle aussi liteau le gîte que le loup se taille dans le fourré dans les hautes bruyères.

6. — Un loup qui *rêne* est un loup qui montre les dents.

FOREZ, *Noëlas*, p. 304, note.

7. — On appelle *louvetier,* un commandant d'équipage destiné à la chasse du loup.

Voici la définition que donne Cotgrave du :

LOVETIER OU LOUVIER

« C'est un preneur de loups, un officier préposé à chaque forêt et payé pour chaque loup pris ou tué, par chaque habitant demeurant à deux milles à la ronde du lieu de la capture, à raison de deux d, tourn. pour un mâle et de 4 pour une femelle. »

8. — Au loup! au loup! (*En France, partout.*)

— A - z - oup ! a - z - oup ! a - z - oup !
Foc, foc, foc à la cougo dal loup ! [1]

Provence, *Revue des langues Romanes*, oct. 1873, p. 581.

— AU BOURRAIS! ou AU BOURRAS ! Saintonge.

Boucherie, *Revue des langues Romanes*, janvier 1872, p. 70.

— SOUYRO ! SOUYRO !

Rouerguat, *Revue des langues Romanes*, avril 1874, p. 387.

Tels sont les cris que l'on fait entendre quand on voit un loup.

9. — Locution proverbiale :

Marcher à pas de loup.

10. — Locution proverbiale :

Regarder en loup.

c'est-à-dire regarder méchamment, regarder de travers.

COTGRAVE.

11. — Proverbe :

— Contrefaire le loup de paille.

COTGRAVE.

— Faire le loup à la carrière.

COTGRAVE.

c'est-à-dire ne faire semblant de rien, laisser passer le monde à côté de soi sans s'enfuir.

(1) Au secours, au secours, au secours! feu, feu, feu à la queue du loup!

La dernière expression vient de ce que, lorsque le loup est caché dans un endroit plein de ronces ou de pierres, il laisse passer les traqueurs à côté de lui sans se déranger et échappe ainsi au danger.

12. — Locution proverbiale :

— Aller queue à queue comme les loups.
— Marcher à la queue leu leu.
— Marcher à la queue lou lou.

c'est-à-dire marcher les uns derrière les autres comme les loups.

13. — Proverbe :

Adès reva li leus au bois.

(Ancien français.)

(Le loup retourne toujours au bois.)

14. — Proverbe :

L'homme de guerre doit avoir assaut de lévrier,
Fuite de loup et défense de sanglier.

Je ne puis mieux faire que de rapporter l'explication que donne de ce proverbe Fleury de Bellingen, p. 214.

« 1° Les lévriers attaquent tout ce qu'on leur montre. 2° Les loups dans leur fuite ménagent leur force et leur respiration avec une rare prudence. 3° Acculé dans une impasse, il faut faire comme les sangliers qui, dans une semblable position, se servent de leurs défenses.

15. — Proverbe :

— Quand le loup est pris, tous les chiens lui mordent les fesses.

16. — Proverbe :

— Le dernier le loup le mange.

Ce proverbe doit venir de ce que le chien de chasse qui s'égare et reste le dernier au bois, devient souvent la proie du loup.

17. — Proverbe :

— A chair de loup sauce de chien.
— A chair de loup dent de chien.
— A chair de chien saulse de loup.

(Ancien français.)

c'est-à-dire que la destinée du loup est de finir par être mordu par le chien et réciproquement.

— A carne de caâ, dent de loup.

BÉARN.

Cf. Le proverbe allemand : **Zu wolfsfleisch gehœrt ein hundszahn,** — et le proverbe italien : **a carne di lupo, zanne di cane.**

Proverbe :

— Enfin les loups tuent le chien qui tue les loups.

18. — Proverbe :

A mauvais chien ne peut-on monstrer le loup.

COTGRAVE.

On sait que beaucoup de chiens refusent de chasser le loup.

19. — Proverbe :

Tel loup, tel chien.

c'est-à-dire ce loup et ce chien sont dignes de lutter ensemble.

20. — Proverbe :

N'être ni chien ni loup.

c'est la même chose que de n'être ni chair, ni poisson.

21. — Proverbes :

— Mort du louveau, santé de l'agneau.
— Mort du loup, santé de la brebis.
— Mort deou loubet,
Santat de l'agneret,

Gascogne, REINSBERG-DURINGSFELD, t. II, p. 395.

— Mort d'ein kien, vie d'ein leu.

Picardie, REINSBERG-DURINGSFELD, id.

Cf. Le proverbe italien : **la morte dei lupi è la salute delle pecore.**

22. — Proverbe :

A bien petite occasion
Se saisit le loup du mouton.

Cf. Le proverbe allemand : **der wolf beisst das schaf um eine kleinigkeit.**

23. — Proverbes :

— La male garde paist le loup.
(*Ancien francais*), LEROUX DE LINCY.

c'est-à-dire la mauvaise garde nourrit le loup.

— A mol pasteur le loup chie laine.

c'est-à-dire que le loup qui prend une brebis au berger négligent, ne lui en rend que la laine.

24. — Proverbe :

C'est une bonne prise que d'un jeune loup.
COTGRAVE.

Il n'y a pas de méchant lièvre ni de petit loup.
Pays messin, recueilli personnellement.

c'est-à-dire tout lièvre est bon à prendre, et délivrer le pays d'un loup, lors même qu'il est petit, est toujours un bienfait.

25. — Les loups ne se battent guères entr'eux et ne s'entre-dévorent pas ; de là, les proverbes :

— Les loups ne se mangent pas entr'eux
— Loup ne mange chair de loup.
REINSBERG-DURINGSFELD, t. II, p. 390.

— Lou loup que minye de toute carn, sinon que de la soue.
(Béarn, REINSBERG-DURINGSFELD, id.)

Cf. **Lupo non mangia di lupo,** italien. (Reinsberg-Duringsfeld, id.) — **Ein wolf frisst den andern nicht,** allemand.

26. — Cependant quand la famine arrive, le loup devient terrible, aussi bien pour son semblable, que pour l'homme. De là les proverbes :

Quand le loup mange son compagnon,
Manger manque en bois et buisson.

(MEURIER, *Trés. des Sentences*, XVe siècle, cité par Leroux de Lincy.

Mauvaise est la saison quand un loup mange l'autre.
COTGRAVE.

Il fait mauvais aller au bois quand les loups se mangent l'un l'autre. COTGRAVE.

— La famine est bien grande quand les loups s'entremangent.

Cf. Le proverbe allemand : **Wenn ein wolf den andern frisst, ist hungernoth im walde.**

27. — Proverbes :

— Tenir le loup par les oreilles.
— Tenir le loup par la queue.

c'est-à-dire être dans une position délicate, parce que l'on a besoin de ses deux mains pour le tenir ainsi, et qu'alors on ne peut lui faire de mal.

28. — Proverbe :

Homme seul est viande a loup.

Cf. Le proverbe anglais : **the lone sheep is in danger of the wolf.**

29. — Proverbe :

Qui a peur du loup n'aille pas au bois.
Pays de Limoges, J.-J. JUGE, 1857, p. 217.

30. — Proverbes :

— On crie toujours le loup plus grand qu'il n'est.
— Li leus n'est mie si grant cum l'um s'escrie.
Vieux français.

31. — Proverbe :

Si on savait les trous
On prendrait les loups.

(Pont-Audemer, Vasnier, p. 65.)

c'est-à-dire si on connaissait le côté faible d'une chose, on en viendrait aisément à bout. — On sait que pour prendre les loups on creuse de grands trous qu'on recouvre de feuillages. L'animal, s'il vient à passer par là, tombe dedans, et, comme le trou est profond, il est pris.

32. — Cependant s'il s'en échappe, ou si après l'avoir pris on le laisse se sauver, on peut être sûr qu'il ne s'y fera plus prendre.

O n'attrape poi deux foès ein leu al' même treuée.
Picardie.

33. — Proverbe :

Beau escrie le loup
Qui sa proie luy rescout.
(XVe s. LEROUX DE LINCY.)

c'est-à-dire : bien se récrie le loup contre celui qui lui enlève sa proie.

34. — Proverbe :

Buer chasse le leu qui sa proie en resqueult.
XIIIe s. LEROUX DE LINCY.

c'est-à-dire : bien chasse le loup qui cherche sa proie.

35. — Proverbes :

— Se jeter dans la gueule du loup.
— Mettre quelqu'un à la gueule du loup.
LEROUX, *Dictionnaire Comique*.

— Enfermer le loup dans la bergerie.
— Donner les brebis à garder au loup.
— Bâilo à garda la fêdo âou lou é la galîno âou raînar. —
Languedoc.

— Baillo à gardar la fedo au loup et la galino au reynard.
Provence.

36. — Proverbes :

— Un loup n'engendre pas des moutons.
— En la peau où le loup est, il y meurt. (Ancien français.)
— En tel pel comme li lous vait en tel le convient morir.
Ancien français, LEROUX DE LINCY.

— Le loup mourra dans sa peau.
— Le loup est toujours loup.
— Le loup mourra en sa peau qui ne l'escorchera vif.

Ancien français, LEROUX DE LINCY.

— O cele pele cum vest le loup, l'estut morir. — Vieux franç.

Cf. **Il lupo non fa** (ou **caca**) **agnelli**, proverbe italien. — **Che nasse lovo, no mor agnelo**, proverbe vénitien. Reinsberg-Duringsfeld, t. 1, p. 65.

37. — Proverbes :

— Le loup sçait bien que male beste pense.

COTGRAVE.

38. — Pu qu'lo lou é, pu qu'il vu avoù.

Ban de la Roche, Oberlin, p. 153.

39. — I rsann a èn leu
I cach sèn muzieu.

Almanach *Franc-Picard*, 7e année, p. 185.

40. — Ardi conm èn leu.

Almanach *Franc-Picard*, 7e année, p. 192.

41. — Kant ché leu i hurltt
Ché bèrbi i s'seuvtt.

Almanach *Franc-Picard*, 7e année, p. 189.

c'est-à-dire :

Quand les loups hurlent,
Les brebis s'enfuient.

42. — Proverbes :

— Il est connu comme le loup.

LEROUX, *Dictionnaire Comique*.

— Connu comme le loup blanc.
— Connu comme le loup gris.
— Counescu coumo lou loub blan. (Languedoc.)

Le vieux loup (gris ou blanc) devient celèbre dans un canton par ses déprédations.

43. — Proverbe :

Danser le branle du loup, la queue entre les jambes.

« Ce proverbe a diverses significations, une obscène qui est la plus en usage, et l'autre toute naturelle. Cette dernière est prise de la manière de marcher du loup, cet animal étant accoutumé d'avoir toujours la queue entre les jambes, ce que les naturalistes attribuent à sa timidité naturelle. De sorte qu'on peut dire quand on parle d'un homme lâche, il ressemble au loup, il a la queue entre les jambes. »

FLEURY DE BELLINGEN, Etym. des prov. franç. p. 178.

44. — Proverbe :

J'amo autant que saie ou loup qu'à l'aversin.

« Proverbe pour dire que l'on aime autant qu'une chose qu'on ne peut conserver soit au loup qu'au mauvais temps. Le mot *aversin* signifie revers de la bize. » COCHARD, p. 347.

45. — Ce qui fait la réputation du loup comme mangeur, c'est qu'il jeûne quelquefois (bien involontairement) pendant un temps assez long et qu'il se dédommage quand il trouve quelque nourriture. Il mange alors pour plusieurs jours. D'ailleurs, il est habituellement doué d'un gros appétit, d'où les mots, locutions et proverbes qui suivent :

ALOUBI, (=affamé) rouchi, Hécart.
ALOUBI, ALOUBRI, (=affamé) Poitou, Lalanne.
ALOUVIR, (=affamer) Orne, Dubois.
— Manger comme un loup.
— Affamé comme un loup.
— Avoir une faim de loup.
— Loup affamé nulle part applacé.

REINSBERG-DURINGSFELD, t. I, p. 414.

Cf. le proverbe espagnol : **Lobo hambriento no tiene asiento.**

Reinsberg-Duringsfeld, id.

46. — Proverbe :

— La faim chasse le loup du bois.

Cf. le proverbe suivant en usage chez les **Bassoutos**, peuple de l'Afrique méridionale :

La faim fait sortir le crocodile de l'eau.

Casalis, **Etudes sur la langue Sechuana**, 1841, p. 88.

II.

1. Le mot *loup,* après avoir été synonyme d'affamé, a fini par servir à désigner la faim elle-même,

Jeune homme en sa croissance
A un loup en la pance.

Gabr. Meurier, *Trésor des Sentences,* XVIe s.,
cité par Leroux de Lincy.

On dit en anglais : *To keep the wolf from the door,* c'est-à-dire *se garder de la faim,* et *he has got a wolf in his stomach* ou simplement *he has got a wolf* se dit d'une personne qui mange énormément.

(Voyez *Notes and queries,* vol. IV de la 2e série, p. 115.)

2. — « Dans le Berry, les bergères croient que le loup est neuf jours badé (ouvert) et neuf jours barré (fermé); ce qui veut dire que, pendant neuf jours, il a la mâchoire libre et mange tout ce qu'il rencontre, et que, pendant les neuf jours suivants, il ne peut desserrer les dents et se trouve condamné à un long jeûne. »

LAISNEL DE LA SALLE, t. II, p. 129.

« Dans quelques villages du Berry, les bergères vous diront que « le loup vit neuf jours de chair, neuf jours de sang, neuf jours d'air, neuf jours d'eau et qu'il n'est à craindre que dans les dix-huit jours durant lesquels il se nourrit de chair et de sang. »

Dr ROBIN-MASSÉ, *Revue du Berry,* t. I, p. 190.

3. — Proverbes :

— Il est comme le loup, il n'a jamais vu son père.
— Jamais loup ne vit son père.

« Quand une louve est chaude, les loups s'assemblent autour d'elle, pour la couvrir, s'ils peuvent, quand elle sera prette à recevoir le masle, mais cette bête chosit celuy de toute la troupe qui luy agrée d'avantage pour avoir son accouplement, et lorsque tous ces poursuivans se sont endormis autour d'elle, elle esveille celuy duquel elle a fait choix et souffre qu'il s'accouple avec elle. Les autres loups étant éveillés de leur sommle sentans à l'odorat celuy de [la troupe qui a couvert la louve, il se jettent sur lui à la foule et l'estranglent cruellement. Ainsi, les louveteaux qui naissent de son faict ne voyent point leur père. »

BODIN, cité par Fleury de Bellingen, p. 136.

4. — Proverbe :

Cette femme ressemble à la louve qui prend de tous les loups le pire.

« Phebus, comte de Foix, dans le livre qu'il a fait de la chasse, remarque que quand la louve devient amoureuse, elle est aussitôt accompagnée du premier loup qui la rencontre, lequel la suit. Le second qui y vient se tient derrière le premier, et ainsy de tous ceux qui y accourent, tellement que de queue en queue ils font une grande traisnée de loups. La louve les meine sans s'arrester, jusqu'à ce qu'étant tous las, elle commence à se reposer, et à son exemple, les autres loups aussy qui s'endorment. Pendant leur sommeil, la louve s'addresse au pire de la troupe qui est celui qui, le premier, l'a suivie; après elle s'en va laissant ce loup qui s'endort aussitost; les autres à leur réveil, estonnez de l'absence de la louve, reconnaissant au nez celuy qui leur a esté préféré, se jettent sur lui et le dévorent. » Voy. LEROUX DE LINCY, 1er vol. p. 183.

5. — Proverbe :

On dit d'un homme enroué *qu'il a vu le loup*, et l'on croit que la rencontre de cet animal rend muet.

« Il passe pour certain que si le loup qui survient pour enlever un mouton, voit la bergère avant d'en être vu, à l'instant même celle-ci devient *rauche* (enrouée) au point de ne pouvoir crier. Alors, il ne lui reste qu'une ressource, — mais cette ressource est infaillible, — c'est de se décoiffer et de courir sus au loup, les cheveux épars ; elle est sûre en agissant ainsi, de le mettre en fuite. Si, au contraire, le loup est aperçu le premier, il perd tout pouvoir sur la bergère et le troupeau. LAISNEL DE LA SALLE, t. II, p. 29.

La vue d'un loup rend un homme muet.

(Pays de Limoges, JUGE, p. 182.)

« A bist lou loup » se dit d'une personne qui a perdu la voix.

Castres, Couzinié.

On lit dans l'*Evangile des Quenouilles*, édition Jannet, p. 124 :

« Se le loup poeult une personne approchier à sept piés près et le veoir en la face, de son alaine rend la personne tant enroué qu'il ne pouelt crier. »

6. — On dit aussi proverbialement :

Etre enrhumé comme un loup.
Etre enrhumé comme un vieux loup.

7. — Proverbes :

— Quand on parle du loup on en voit la queue.
— Quand on parle du loup on en voit les cornes.
Almanach de Genève, 1864.

— Kan on preidzet du laou.
Al arrivet u baou. [1] Tarentaise, Pont.
— Quen lon parle deou loup
De la quoue on bey lou bout. Gascogne.
— Le lops es en la faula. Ancien Provençal

Cf. la superstition belge suivante :

« Qui nomme le « *loup* » pendant la nuit de Noël, doit s'attendre au déplaisir de le voir apparaître au milieu de son troupeau. »
REINSBERG-DURINGSFELD, *Traditions et Légendes*, t. II, p. 327.

8. — Proverbes :

— C'est on leup coviert d'ine pai d'mouton. Wallon.
REINSBERG-DURINGSFELD, t. I, p. 391.

— Agneou defouero et loup dedins.
Provençal moderne.
REINSBERG-DURINGSFELD, id.

Cf. le proverbe italien : **Il lupo s'é vestito della pelle d'agnello** ; et le proverbe allemand : **Oft ist eines Wolfes Herz bedeckt mit Schaffellen.**
Reinsberg-Duringsfeld, id.

9. — Proverbe :

Il ne faut estre loup, ny en affubler la peau.

COTGRAVE.

10. — Proverbe :

— Tel pense fuir louve qui rencontre le loup.

[1] Quand on parle du loup, il arrive à l'écurie.

Cf. Le proverbe italien : **Chi fugge il luppo incontra il lupo e la volpe.**
Reinsberg-Duringsfeld, t. I, p. 225.

11. — Proverbe :

— Quand le tchi et le lou s'einteindount le bardzé a mau tein.
(Quand le chien et le loup s'entendent, le berger a mauvais temps.)

Puy-de-Dôme, Gonod, (dans la *Description de la France* de Loriol, p. 86.)

12. — Proverbe :

Qui se fait brebis le loup le mange.
Që fêdo së fâi lou loub la manjho. Languedoc.

Cf. le proverbe anglais : **He that makes himself a sheep, the wolf will eat him**; et le proverbe allemand : **Wer sich zum schaf macht, den fressen die wölfe.**

13. — Proverbe :

C'est comme lorsqu'on choisit des loups dans une hotte, le meilleur ne vaut rien.

Almanach de Genève, 1864.

14. — Proverbes :

— Il faut hurler avec les loups.
— Qui hante avec le loup,
Hurler convient s'il n'est lourd.
— Qui hante souben dap lou loup
Hurle come het, si nou es lourd. Gascogne.
— Embé de loups, l'on apren d'hurlar. Provençal moderne.

Cf. le proverbe italien : **Chi pratica col lupo, impara a urlare.**
Reinsberg-Duringsfeld, t. II, p. 18.

et le proverbe allemand : **Bei wölfen un eulen lernt man 's heulen.**
Reinsberg-Duringsfeld, id.

15. — Proverbes :

— Qui a le loup pour compagnon.
Porte le chien sous le hocton.
— Qâou a lou loub për soun coumpâïré
Mëno lou chi për cantons è per câiré. Languedoc.
Reinsberg-Duringsfeld, t. II, p. 394.

c'est-à-dire celui qui a le loup pour compère, doit emmener avec lui un chien dans tous les coins et recoins.

Cf. le proverbe italien : **Chi ha il lupo per compagno, porti il can sotto il mantello.** Reinsberg-Duringsfeld, id.

Et le proverbe allemand : **Wer beim wolf zu gevatter stehen will, muss einen hund unter dem mantel haben.**
Reinsberg-Duringsfeld, id.

Et le proverbe anglais : **Who hath a wolf for his mate, needs a dog for his man** (pour être son serviteur) Reinsberg-Duringsfeld, id.

16. — Proverbe :

Le loup emporte le veau du povre. COTGRAVE.

c'est-à-dire que c'est surtout sur les biens du pauvre que le loup exerce ses ravages.

(Allusion à quelque conte?)

17. — Proverbes :

Per l'amour d'aou bioou
Lou loup lico l'araire. Languedoc, Thiessing, p. 84.

c'est-à-dire :

Pour l'amour d'un bœuf, le loup lèche la charrue.

(Allusion à quelque conte que je ne connais pas.)

18. — Proverbes :

Le loup alla à Romme et y laissa de son poil et rien de ses coustumes. Proverbe du XVe siècle.

Le loup change de poil mais non pas d'instinct.
Pays de Limoges, Juge, p. 213.

Cf. le proverbe italien : **il lupo cangia il pelo, ma non il vizio.** — Le proverbe espagnol : **muda el lobo los dientes y no los mientes.**
Reinsberg-Duringsfeld, t. 1, p. 46.

19. — Proverbes :

En espérance d'avoir mieulx
Vit le loup tant qu'il devient vieux. Ancien français.

20. — Proverbes :

— Deux loups mangent bien une brebis. COTGRAVE.
— Deux loups mangent bien une brebis
Et deux cordeliers une perdrix.
Gabriel Meurier, *Trésor des Sentences*, XVIe s., cité par LEROUX DE LINCY.

21. — Proverbes :

— Peu à peu le loup mange l'oye. COTGRAVE.

— Poc à poc lou loup plume è mynge l'aucque.
Gascogne, REINSBERG-DURINGSFELD, t. II, p. 76.

— A pauc à pauc lou loup manjo l'auquo. Provençal mod.
REINSBERG-DURINGSFELD, id.

22. — Proverbes :

— Tandis que le loup chie la brebis s'enfuit.
LEROUX, *Dictionnaire Comique*.

— Tandis que le chien chie le loup s'enfuit.
COTGRAVE.

— Tandis que le chien crie le loup s'enfuit.
COTGRAVE.

— Tandis que les chiens s'entregrondent, le loup dévore la brebis. COTGRAVE.

— Tandis que le loup muse, la brebis entre au bois.
COTGRAVE.

(*Ces proverbes font allusion à des contes.*)

On peut rapprocher de ces proverbes le conte piémontais suivant :

« Piccolino est monté sur un arbre pour manger des figues, le loup vient à passer et lui en demande en faisant cette menace : « *Picolin, dame ün fig, dass no, it mangin.* » Piccolino lui en jette deux qui s'écrasent sur le nez du loup. Alors le loup lui dit qu'il le mangera s'il ne descend pas pour lui apporter une figue ; Piccolino descend et le loup le met dans un sac et l'emporte à son logis où l'attend la mère louve. Mais chemin faisant, le loup a un besoin à satisfaire et est obligé d'aller sur le côté de la route ; pendant ce temps, Piccolino fait un trou au sac, en sort et met une pierre à sa place. Le loup revient, jette le sac sur ses épaules et pense que Piccolino est devenu bien plus lourd qu'il n'était. Il arrive chez lui et dit à la louve de se réjouir et de préparer la marmite pleine d'eau chaude; il vide ensuite son sac dans la marmite; la pierre en tombant, fait jaillir l'eau bouillante sur la tête du loup qui périt échaudé. »

DE GUBERNATIS, *Mythologie Zoologique*, traduct. REGNAUD, t. II, p. 159.

23. — Proverbe :

Bon loup, mauvais compagnon, dit la brebis.
(REINSBERG-DURINGSFELD, t. 1, p. 214.)

24. — Proverbe :

Depuis que la brebis est vieille, le loup la mange bien.
COTGRAVE.

c'est-à-dire, selon Cotgrave, que celui qui a faim ne regarde pas si la viande qu'il mange est dure et coriace.

25. — On ne doit pas compter les brebis d'un troupeau (1), cela porte malheur, et le loup ne manque jamais en ce cas d'en manger quelques-unes :

— Brebis comptées, le loup les mange.
— De brebis comptées mange bien le loup.
— Fêdo countâdo, lou lou l'a manjhâdo. Languedoc.
— Fedos contados, lou loup n'en manjo. Provence moderne.

Cf. Pecora contata, il lupo se la mangia. Proverbe toscan.
REINSBERG-DURINGSFELD, t. II, p. 388.

— Do contado come o lobo. (De ce qui est compté mange le loup.)
Proverbe espagnol, REINSB.-DURINGSF., id.

— Der wolf frisst auch die gezählten schafe.
Proverbe allemand, REINSB.-DURINGSF., id.

26. — Locutions proverbiales :

Voir peter le loup sur une pierre de bois

(1) Il est presque impossible de savoir d'un paysan combien il a de poules, de vaches, de moutons, etc., et même l'âge que lui-même peut avoir. S'il le sait, il tâche de l'oublier ou s'efforce de n'y pas penser, parce que compter tout cela porte malheur.

se dit dans le canton de Murat (Auvergne), d'un individu qui raconte comme les ayant vues des choses invraisemblables.

LABOUDERIE.

Dans l'Ardèche, on dit à une personne qui se refuse à croire une histoire invraisemblable :

As jomais vis péta lou loup dins qu'uno sounaillo.

c'est-à-dire :

Tu n'as jamais vu péter le loup dans une clochette; (= tu ne sais rien, tu n'as jamais rien vu.)

VASCHALDE, *Proverbes du Vivarais*, Montpellier, 1875, p. 19.

27. — Proverbe :

Entre chien et loup,

c'est-à-dire au crépuscule.

Cf. Entre chacal et chien, Algérie, Gérard, le **Tueur de Lions**.

28. — Proverbes :

Garder la lune des loups,

c'est-à-dire faire une chose inutile, garder quelque chose qui ne peut pas se perdre.

Dieu garde la lune des loups. COTGRAVE.

La lune est à couvert des loups.

LEROUX, *Dictionnaire Comique*.

La lune n'a rien à craindre des loups. QUITARD, p. 503.

Ces derniers proverbes s'emploient pour signifier qu'une chose est inaccessible.

— Quand la lune se cache derrière un nuage, on dit que les loups l'ont mangée pour mieux pouvoir faire leurs déprédations.

FOREZ, *Noëlas*, p. 270, note.

— On croit populairement que les loups ne peuvent souffrir la clarté de la lune et qu'ils poussent des hurlements à sa vue.

QUITARD, 1842, p. 509.

29. — Locution proverbiale :

— Savoir la patenôtre des loups.

« Lorsqu'on veut faire entendre à quelqu'un qui fait des menaces qu'on saura bien l'empêcher de les effectuer, on dit qu'on *sait la patenôtre du loup*, par allusion à une prière à laquelle on attribuait la vertu d'éloigner les loups. Voici cette prière d'après le curé Thiers : « Au nom du père +, du fils +, du saint-esprit +; loups et louves, je vous conjure et charme, je vous conjure au nom de la très-sainte et sursainte comme Notre-Dame fut enceinte, que vous n'ayez à prendre ni écarter aucune des bêtes de mon troupeau, soit agneaux, soit brebis, soit moutons, etc., etc., ni à leur faire aucun mal. »

THIERS, *Traité des superstitions*, liv. VI, ch. 2.

« On croit encore à l'efficacité de la *patenôtre du loup* dans plusieurs hameaux du département de l'Aveyron, et il y a de prétendus sorciers appelés *louvetiers* [1], qui, fesant métier de la dire, jouissent d'un grand crédit auprès de certains métayers.

QUITARD, 1842, p. 507 et 508.

30. — Des superstitions semblables se trouvent en Champagne et dans les Ardennes :

ORAISON DU LOUP :

Où vas-tu, loup ?
— Je vais je ne sais où
Chercher bête égarée
Ou bête mal gardée.
— Loup je te défends
Par le grand Dieu tout-puissant
De plus de mal leur faire
Que la Vierge bonne mère
N'en fit à son enfant.

Cet exorcisme usité dans le siècle dernier en Brie, a été recueilli à Gouaix (Seine-et-Marne).

TARBÉ, *Romancero de Champagne*, vol. 2, p. 76.

[1] Le **loûtier** est une espèce de sorcier qui a des intelligences avec le loup; pour reconnaître les bons offices du **loûtier**, les loups respectent son troupeau et sa basse-cour. Le **loûtier** a soin d'acheter aux gardes le foie des loups qu'on tue et en compose des philtres. » Centre, Jaubert.

AUTRE ORAISON CONTRE LES LOUPS.

— Où allez-vous, louves et louveteaux ?
— Nous allons dans ces plaines et dans ces vallons.
— Qu'y allez-vous faire ?
— Nous allons chercher les brebis égarées pour leur sucer le sang et manger leur chair.
— Je vous défends, au nom du grand Dieu vivant, de faire plus de mal à ces bêtes égarées que la sainte Vierge n'en a fait à son enfant. Saint Brive aveugle les loups; saint Jehan leur casse les dents et saint Georges leur serre la gueule.

On doit réciter ce dialogue après avoir dit à genoux un *Pater* et un *Ave*. Si en récitant ce dialogue la personne se trouble, c'est un indice que le loup est en train de dévorer l'animal perdu.

Ardennes, communication de M. NOZOT dans la *Revue des Sociétés savantes*, 1872, 2e semestre, p. 132.

31. — Dans une autre commune des Ardennes, à Singley, la formule d'exorcisme est un peu différente :

— Loup et louve, que cherches-tu ?
— Je cherche les bêtes égarées.
— Et de ces bêtes que feras-tu ?
— Percer la peau et sucer le sang
— Je te défends de percer la peau ni de sucer le sang. Serre gueule ! Serre gueule ! Serre gueule !

Revue des Sociétés savantes, id.

Dans la commune de Francheval (Ardennes), on prononce l'exorcisme suivant :

« Loups et louves et louveteaux ! tous, je vous conjure, par le grand Dieu vivant, que vous n'ayez aucun pouvoir sur moi, ni sur ces bêtes laine ou poils, telles bêtes que ce puisse être, pas plus que le diable sur le prêtre quand il consacre à la sainte messe. Passe en arrière, passe en avant et va-t-en à.... (on désigne l'endroit.)

Revue des Sociétés savantes, id.

32. — Pour empêcher que les loups ne fassent aucun mal aux brebis et aux parcs, on écrit sur un billet le nom de saint Basile et on attache ce billet au haut d'une houlette ou d'un bâton. THIERS, t. I, p. 414.

33. — Garde (1) pour empêcher les loups d'entrer sur le terrain où sont les moutons :

Placez-vous au coin du soleil levant et prononcez-y cinq fois ce qui va suivre :

Viens, bêtes à laine, c'est l'agneau d'humilité, je te garde, *Ave Maria.* C'est l'agneau du Rédempteur, qui a jeûné quarante jours sans rébellion, sans avoir pris aucun repas de l'ennemi, fut tenté en vérité. Va droit, bête grise, à gris agripeuses ; va chercher ta proie, loups et louves et louveteaux, tu n'as point à venir à cette viande qui est ici. Au nom du Père et du Fils et du Saint-Esprit et du bienheureux saint Cerf.

Grimoire du pape Honorius.

34. — Le chant flamand suivant semble bien être un exorcisme :

Schaepwachter, schaepwachter, waerom
Laet gy uw schaepkens niet uyt ?
— « Zy zyn benouwd van den ouden wulf. »
— Den Bouwulf zit in het riet,
« Waer dat hy hoort noch en ziet. »
— « Al uyt, myn schaepkens, loopt uyt. »

TRAD. — Berger, pourquoi ne laisses-tu pas sortir tes moutons ? — Ils ont peur du vieux loup. — Le loup repose dans les roseaux où il n'entend ni ne voit. — « Sortez mes moutons, sortez, courez. »
COUSSEMAKER, *Chants flamands*, p. 407.

35. — En Alsace, on parle ainsi au loup, quand on le rencontre :

(1) Garde, c'est-à-dire moyen de se garder, de se préserver.

Wolf, wolf frisz mi nidd
Hundert Dahler giw i derr nid
Zeh wil i der gäwe
Los mi nurr om Läwe. STŒBER, p. 47.

TRAD. — Loup, loup, ne me mange pas, je ne te donnerai pas cent thalers, mais je t'en donnerai dix, à la condition que tu me laisses en vie.

36. — « Si une femme perchoit un loup qui la suive, elle doit tantost trayner sa chainture par terre après elle en disant : garde toy, loup, que la mère Dieu ne te fière et tantost tout confus s'en retournera. »

Evangile des Quenouilles, édition JANNET, p 47.

37. — A Lucy (pays messin), les garçons de ferme, le soir du mardi-gras, après avoir fait ripaille chantent :

Nos blés, nos blés, qui sint aussi bien grainés, que nat' vente a bien sôlé (rassasié). — Tiens, loup val tè pâ. — (Alors celui qui prétend être le plus saoul, jette au milieu de la rue les os, les restes du souper.)

(Recueilli personnellement.)

LE GATEAU DE SAINT LOUP.

38.—« Le gâteau de saint Loup sert à empêcher les loups de faire aucun mal aux bestiaux et aux troupeaux qu'on laisse seuls dans les champs et les pâturages. On fait un gâteau triangulaire à l'honneur de la très-sainte Trinité ; on y fait cinq trous en mémoire des cinq plaies de Notre-Seigneur et on le donne ensuite pour l'amour de Saint Loup au premier pauvre qui se rencontre. C'est ce qui se pratique souvent proche Tillemont et Louvain, ainsi que le rapporte Maiolus. (Suppl. dier. canic. colloq. 3.) THIERS, t. I. p. 389.

SAINT LOUP.

39. — D'après les principes de l'hagiologie populaire, ce saint, à cause de son nom, protége contre les loups.

« Saint Loup a délivré Bayeux d'un énorme loup. »

PLUQUET, p. 17.

40. — Dans certains pays, le loup lui-même ou certaines parties de son corps servent à guérir de la peur; voici ce que rapporte à ce sujet, M. De Gubernatis :

En Sicile, on croit qu'une tête de loup augmente le courage de celui qui s'en revêt. Dans la province de Girgenti, on fait des souliers de peau de loup aux enfants que les parents veulent rendre forts, braves et belliqueux.

De Gubernatis, *Mythologie zoologique*, t. II, p. 155.

Saint Loup guérit aussi de la peur.

(Voy. Morin, le *Prêtre et le Sorc.* p. 268 et 281.)

Il partage cette vertu avec saint Gilles.

A Bonneval (Eure-et-Loir), il y a un dicton ainsi conçu :

Saint Gilles et saint Leu
Guérissent de la peu.

(Morin, le *Prêtre et le Sorcier*, p. 259.)

Porter sur soi une dent de loup ou l'œil droit d'un loup après l'avoir fait sécher préserve de la peur.

Thiers, t. I, p. 383.

41. — Dans un grand nombre de chansons, il est question du loup. Voici ce que l'on chante dans une espèce de bourrée du Berry :

Vire le loup
Ma chienne garêle (1)
Vire le loup
Quand il est saoûl.
Laisse-le là
Ma chienne garêle
Laisse-le là
Quand il est plat. (2)

Intermédiaire, 1874, p. 697.

Dans une montagnarde, espèce de danse auvergnate, on chante :

(1) Bigarrée, bariolée.
(2) A jeun.

Para lou lou bardzèra
Para lou lou
Para lou lou
Qu'importa la plus brava
Para lou lou
Qu'importa le moutou.

TRAD. — Chassez le loup, bergère, qui emporte la plus brave, chassez le loup qui emporte le mouton. BOUILLET, p. 34.

42. — «Suspendre au-dessous de la porte de la bergerie une patte de loup porte bonheur.» Pays de Limoges, Juge, p. 133.

On dit ironiquement :

Qu'une chose est sacrée comme là patte d'un loup.
LEROUX, *Dictionnaire Comique*, p. 101.

43. — Rencontrer un loup annonce une visite joyeuse.
THIERS, t. I, p. 207.

— Rencontrer un loup le matin porte bonheur.
THIERS, t. I, p. 209.

44. — Quand on a égaré des bestiaux, il faut exposer hors du logis quelque meuble ou quelque ferrement pour qu'ils reviennent plus facilement et que les loups ne leur fassent aucun mal.
THIERS, t. I, p. 393.

45. — On attache une grande dent de loup au cou du cheval afin de le rendre infatigable à la course.
THIERS, t. I.

46. — Maladies guéries par le loup.

— Le collier de dents de loup met à l'abri des convulsions causées par le mal de dents chez les enfants.
(FOREZ *Noëlas*, *Légendes*, p. 203.)

— « Saint Loup guérit de la peur et des convulsions. »
Docteur BESSIÈRES, dans le *Bulletin de la Soc. prot. de l'Enfance*, 1875, p. 198.

« — C'est une superstition que de faire faire les premiers souliers des enfants, de cuir de loup, et les leur faire porter afin qu'ils soient préservés de certaines maladies. »

Le Synode du mont Cassin en 1626, condamne expressément cette pratique. (C. 4, décret. 2.) THIERS, t. I, p. 388.

— « On appelle *ramète,* une maladie des enfants à la mamelle qui consiste à avoir la langue blanche et rude, ce qui les empêche de têter. Pour la guérison de cette maladie, il faut donner à têter à l'enfant le sein d'une femme qui ait allaité un loup. (Cette maladie est le *muguet* ou *blanchet*, fièvre aphtheuse des enfants.)

Pays rouchi, Hécart.

47. — « On nomme *mal de Saint Loup*, les croûtes laiteuses qui viennent à quelques enfants. »

J.-M.-J. DEVILLE, *Annales de la Bigorre*, Tarbes, 1818, p. 83.

48. — « On désigne sous le nom de *mouche*, une affection singulière qui s'empare des bêtes à cornes réunies dans une foire ; tout-à-coup elles deviennent furieuses, se jettent sur leurs gardiens, renversent tout sur leur passage et causent un inexprimable désordre dont profite les voleurs. On attribue cet effet à la *poudre de foie de loup*. NOÉLAS, *Légendes*, p. 275, en note.

49. — Les têtes et queues de loup attachées à l'entrée du colombier « engardent que les *fluynes* (fouines) n'y entrent. »

R. DU TRIEZ, *Ruses des Esprits malins*, f° 29, cité par LITTRÉ, sub verbo *fouine*.

50. — « Quand une louve met bas ses petits, elle donne aussi le jour à un chien. Quand ils sont tous assez forts pour vivre seuls, elle les conduit à un ruisseau et à la manière de boire, elle reconnaît le chien qu'elle dévore sur le champ. »

CHRÉTIEN, p. 20.

51. — Gober le loup, c'est recevoir un coup de soleil.

Genève, BLAVIGNAC, p. 59.

52. — Dans le Forez, (selon Noelas, p. 267, en note,) on appelle le loup :

GABRIEL,

Ce nom doit avoir une origine légendaire.

53. — Dans tout le Languedoc, le nord de la France et la Bretagne, on croit que le loup rentre dans sa tanière pour quarante jours si le soleil paraît avant midi le 2 février (1).

Revue des Langues romanes, oct. 1873, p. 611.

c'est-à-dire que s'il fait beau au commencement de février, c'est un pronostic de froid et de mauvais temps pour les deux mois qui suivent. C'est à cette observation météréologique que se rapportent les proverbes suivants :

Mieux vaudrait voir un loup dans son foyer
Qu'un homme en chemise en février.

Aveyron, *Statistique de la France.*

Vaut autant voir un loup dans un troupeau
Que le mois de février beau.

Vaucluse, *Statistique de la France.*

Les cultivateurs aiment mieux rencontrer un loup en chemin qu'une femme nu-bras au mois de mars.

Charente, *Statistique de la France.*

I vaut mieux veur i loup qu'eun homme dèv'ti en fèvrieu.

Pays messin, recueilli personnellement.

54. — L'leu n'moudge pai l'va.

Les Fourgs, TISSOT (*Les Mœurs*), p. 158.

Le loup ne mange pas l'hiver,

c'est-à-dire, il faut que l'hiver se fasse ; s'il ne vient tôt, il vient tard, on ne perd rien à attendre.

55. — Proverbe :

La chèvre a pris le loup.

Allusion à un certain nombre de contes, dans lesquels on voit le loup victime des ruses de la chèvre.

Dans le conte suivant on trouve un exemple du loup déçu par la chèvre, et en même temps l'origine de la locution : *montrer patte blanche.*

(1) Voyez aux articles **ours, loutre,** quelque chose de semblable.

« Commère la Chèvre habitait une maisonnette dans le milieu des bois. Un matin, elle dit à ses petits biquets : « Ecoutez bien, mes chers enfants, je vais à la ville vendre des œufs et du fromage blanc ; prenez bien garde au loup et n'ouvrez la porte que lorsque je vous montrerai ma patte blanche. Quand je reviendrai, si vous avez été bien sages, je vous rapporterai du bonbon. » Compère le Loup qui rôdait toujours aux environs, ayant vu partir la chèvre, fut bien content, il s'écria : « Quelle chance ! Voilà la vieille chèvre qui part pour la ville, les petits biquets sont restés seuls, courons vite les croquer. Quelle bombance je vais faire ! Justement j'ai une faim terrible, car je n'ai rien pu attraper depuis trois jours. Courons vite aux petits biquets. » Le loup fut bientôt arrivé à leur cabane ; il frappe à la porte : Toc ! Toc ! et imitant de son mieux la voix de Commère la Chèvre, il dit :

« Ouvrez, ouvrez, mes chers petits, c'est moi ! je vous apporte du bonbon. » Le méchant loup croyait déjà les tenir, ses yeux brillaient comme des charbons. Les petits biquets avaient reconnu le loup à travers les fentes de la porte.

« Obéissant à la recommandation de leur mère, ils dirent au loup : « Montrez-nous patte blanche et nous vous ouvrirons. » Les petits biquets riaient derrière la porte de voir la sotte figure et la colère du loup. Le loup qui ne s'attendait pas à cela, faillit étouffer de rage, car il avait les pattes toute noires. Il voulut enfoncer la porte, mais elle était solide. Il s'en alla en jurant comme un païen : « Ah ! petits scélérats, petits brigands, vous me paierez ça, vous avez beau faire, je finirai bien par vous croquer. » Le loup courut aussitôt chez compère le renard, et lui raconta comment les petits biquets s'étaient moqués de lui et lui demanda conseil. Le renard lui conseilla d'aller au moulin voisin et de tremper sa patte dans la farine, qu'il pourrait alors montrer patte blanche aux petits biquets. Le loup, sans perdre un instant, courut au moulin le plus proche et trempa plusieurs fois sa patte dans la farine. Ah ! ah ! s'écria-t-il, pour le coup, je vous tiens, petits scélérats !

« On va vous montrer patte blanche, mes petits chéris, mes petits chérubins. » Il était si content qu'il s'en passait d'avance la langue sur le museau. Le loup se hâta de retourner à la porte des biquets, mais lorsqu'il voulut montrer patte blanche, il fut de nouveau bien attrapé, car toute la farine était tombée en chemin.

« Cependant Commère la Chèvre revint de la ville, apportant des gâteaux à ses chers petits biquets. Ils lui racontèrent comment le méchant loup était venu deux fois, mais qu'il avait chaque fois été bien attrapé. Le loup s'en retourna tout confus chez Compère le Renard, qui lui dit : « Cette fois je connais un très-bon moyen d'entrer chez les biquets ; il faut vous déguiser en pèlerin et vous irez demander l'hospitalité. Bien sûr on vous ouvrira. » Le loup s'étant déguisé en pèlerin, revint frapper à la porte des biquets : toc ! toc ! et s'écria d'une voix plaintive et nazillarde : « Ouvrez, pour l'amour de Dieu, c'est un pauvre pèlerin qui vous demande l'hospitalité, ouvrez, chrétiens charitables, je prierai Dieu pour vous » et il marmottait tout haut ses patenôtres. La Mère la Chèvre avait reconnu le loup à travers la fente ; elle lui dit : « Entrez, entrez, bon pèlerin, nous vous coucherons pour l'amour de Dieu, et nous vous régalerons de notre mieux : mais la porte est barricadée, passez par la cheminée, nous allons vous mettre une échelle pour descendre. Le loup se hâta de monter sur le toit et entra aussitôt dans la cheminée. Il se mit à descendre en criant : « Me voici, mettez l'échelle. »

« Au même instant, une fumée épaisse faillit le suffoquer

et l'aveugler. « Hé ! là-bas, hé ! arrêtez donc, s'écria-t-il. » La chèvre s'était hâtée de bourrer dans la cheminée un grand tas de paille et de branches sèches et aussitôt qu'elle vit le loup qui descendait elle y avait mis le feu qui se mit à pétiller et à s'élancer en longues flammes jusqu'en haut de la cheminée. Le loup déjà à moitié aveuglé et suffoqué par la fumée, se sentant grillé tout vif, se mit à pousser des hurlements terribles.

« Mais plus le loup criait dans sa cheminée, plus la chèvre faisait grand feu. « Aïe ! aïe ! hurlait le loup, je brûle ! je brûle ! Pardon, Commère la Chèvre, pardon, je vous jure que je n'y ferai jamais plus ! » Il avait beau crier et demander pardon, il perdait son temps. Enfin suffoqué, grillé et à moitié mort, il se laissa tomber dans le brasier ardent, où la chèvre le tenait avec sa fourche et le retournait sur les charbons ardents jusqu'à ce qu'il fut grillé comme un boudin. »

Collection d'albums d'images publiée
à Epinal, Ch. Pinot. Sans date.

J'ai entendu raconter à Rémilly (pays messin), un conte à peu près semblable :

La chèvre va au moulin chercher de la farine, en route elle fait la rencontre du loup qui lui demande où elle va : « au moulin » répond la chèvre, « c'est comme moi » reprend le loup, eh bien ! courons, nous verrons qui de nous deux y arrivera le premier. Et ils se mettent à courir, mais au bout de quelques minutes, le loup laisse prendre l'avance à la chèvre et faisant un demi-tour, prend rapidement la direction de la maison de la chèvre où il trouve les petits biquets qu'il croque à belles dents. — Cependant le plus petit des chevreaux, qui s'était caché dans un coin, avait échappé au danger et avait tout observé. Il put raconter à sa mère ce qui s'était passé. A quelques jours de là, la chèvre rencontre le loup et lui dit : « Bonjour loup, je suis contente de toi, tu as bien travaillé, aussi je veux t'inviter à dîner pour demain. » « J'accepte, » dit le loup. Le lendemain, le loup arrive à la maisonnette de la chèvre et frappe : toc ! toc ! « qu'est-ce qui est là ? » « C'est moi, le loup. » « Je ne peux pas ouvrir la porte, je suis occupée à faire la pâte, mes mains sont pleines de farine, mais tu n'as qu'à monter sur le toit et passer par la cheminée, rien n'est plus facile. » Le loup monte sur le toit, se laisse glisser dans la cheminée et tombe lourdement dans la marmite pleine d'eau bouillante que la chèvre avait préparée à son intention. « Chaud le cul ! chaud les pattes ! s'écrie le malheureux loup, commère la chèvre, je ne mangerai plus tes petits, » et commère la chèvre l'aide à sortir de là et le laisse partir (1).

LA CHÈVRE A PRIS LE LOUP.

« Une chèvre paissait, retenue au piquet, devant l'église de Papleux, quand un loup apparaît à deux pas d'elle. Saisie de terreur, la pauvre bête fait un effort suprême, arrache son piquet et se précipite dans l'église par la porte entr'ouverte. Soudain, le loup est à ses trousses et va l'atteindre au moment où, revenant au lancer après quelques cabrioles désordonnées, elle franchit le seuil de l'église. Mais, ô prodige, le piquet en rebondissant dans l'espace accroche la porte de l'église qui se referme violemment entre la chèvre et le loup.

D'où le dicton :

Et vlà comme à Papleux
La cabre a pris le leu.

(La Thiérache, Vervins, 1872, p. 172.)

(1) Cf. De Gubernatis, t. 1, p. 431. — Voyez aussi la fable de La Fontaine, le **Loup**, la **Chèvre** et le **Chevreau**.

Dans une de ces parodies de l'Evangile, si chères aux paysans qui ne savent pas le latin, et dans lesquelles on fait entrer nombre de petites histoires populaires dont les mots offrent une consonnance avec les mots latins chantés, le loup engage la conversation suivante avec la chèvre :

. . . .
Dame, qui êtes sur la montagne
Descendez en bas
Ho ! non, je ne descends pas
De peur que tu me manges.
Tu es bien plus ânesse
De croire que je mange de chair
Le vendredi et le samedi
Jusqu'au dimanche après-midi
La chèvre descend, le loup l'attrape
Par ses barbinettes
Il lui fit crier ba, ba, ba.
. . . .

(Lozère, recueilli personnellement.)

Dans ce conte, c'est la chèvre qui est bel et bien attrapée par le loup.

56. — Il y a en Provence un conte intitulé *la Chèvre de Monsieur Seguin* ; d'après ce conte, cette chèvre, après s'être vaillamment défendue toute la nuit contre les loups finit par être mangée à l'aurore.

Voyez LUCAS DE MONTIGNY, *Récits variés*, p. 329.

(J'ai entendu la même histoire dans l'Ardèche.)

57. — Conte :

LE LOUP CHEZ LE RENARD.

Dans une maisonnette écartée au milieu des bois, vivait un bûcheron avec sa femme. Ces braves gens n'avaient pas d'enfants et vivaient du produit de leur travail. A la vérité Joseph Renard (c'est ainsi que se nommait le bûcheron), manquait de besogne, une bonne partie de l'hiver, mais on vivait chez lui avec tant de sobriété, que grâce à une cave où il y avait plus d'hectolitres de pommes de terres que de litres de vin, il arrivait toujours au printemps sans faire de dettes. Il faut dire aussi que le chauffage ne lui coûtait pas une obole. Tous les jours, dès le matin, Renard, prenait sa hache et s'en allait rôder dans la forêt ; il savait toujours au juste l'heure où le garde du triage faisait sa tournée, et il trouvait toujours moyen de rapporter chez lui un bon fagot, qui ne lui coûtait que la peine ; c'était assez pour la journée. Le reste du jour il fumait le tabac de la régie près de son fourneau et regardait filer Marguerite (c'est le nom de sa femme), en attisant le feu qui faisait bouillir la marmite.

Un soir de l'hiver dernier, qu'il y avait un pied de neige sur la terre et qu'il gelait à faire fendre les arbres, Renard entendit gratter à sa porte. Il était environ cinq heures.

— Marguerite, dit-il, sans se déranger, n'entends-tu pas du bruit à la porte? Va voir qui est là.

— Ma foi, nenni, dit Marguerite, je n'irai pas. Vas-y toi, qui ne fais rien.

Quelques minutes de silence s'établirent, puis ils entendirent gratter de nouveau.

— C'est sans doute le chien du garde, qui se sera égaré ce soir, dit Renard, en se levant pour cette fois, et en tâchant de paraître hardi pour le bon exemple. Rustaud est une bonne bête et il ne jappe plus quand il me rencontre dans la forêt, il faut lui ouvrir, car quoiqu'il soit le chien du *loup*, il ne mérite pas qu'un autre loup l'étrangle.

Lorsqu'il finissait ces mots, la porte était ouverte. Mais à sa grande surprise, ce ne fut point le chien du garde qui se présenta ; ce fut un loup énorme, un loup de la hauteur d'un veau de six semaines. Renard recula épouvanté et alla se heurter contre le tour à filer de sa femme. Marguerite de son côté fut si effrayée de cette apparition qu'elle voulut pousser un cri et crier : *au loup*! mais elle était si tremblante que la parole lui expira sur les lèvres.

Pendant ce temps le loup s'était avancé gravement au milieu de la chambre, sans faire plus d'attention aux maîtres du logis que s'ils n'eussent point été présents.

Peut-être la pauvre bête ne désirait-elle autre chose qu'une paisible hospitalité; peut-être ne demandait-elle, comme le soldat qui apporte son billet de logement, qu'une place au foyer. Il est probable même qu'elle n'eût pont exigé la chandelle ; quoiqu'il en soit, après avoir fait deux tours sur lui-même, comme pour s'assurer qu'il n'était menacé d'aucun piége, le loup s'approcha du fourneau, sur lequel était placé une marmite, qui contenait une soupe, dont l'odeur frappa son odorat. Mais la vapeur brûlante qui sortait du pot, l'obligea de retirer bien vite son museau. Jamais l'animal depuis sa naissance n'avait senti un pareil degré de chaleur. Cette circonstance n'échappa point à l'œil du bûcheron, qui enfin, aussi bien que Marguerite, avait repris peu à peu l'usage de ses sens. Marguerite même s'était levée machinalement de sa chaise et elle s'était avancée vers le fourneau, comme pour empêcher que le loup ne mangeât le souper. *Verse, Marguerite*, s'écria alors Renard. Marguerite, par cet instinct sublime dont sont douées toutes les femmes lorsqu'il s'agit du pot au feu, comprit la pensée de son mari. Aussitôt elle prend la marmite à deux mains et en verse tout le contenu sur la tête du malencontreux loup. Celui-ci pousse des hurlements horribles, et quitte aussitôt la chaumière, dont la porte était restée entr'ouverte. Se croyant alors délivrés d'un grand danger, les deux époux barricadèrent leur porte. Comme les provisions ne manquaient point, ils firent cuire un nouveau souper puis ils allèrent se coucher comme d'habitude.

Le lendemain Joseph Renard se disposa à aller faire sa provision de bois pour la journée. Il prit sa hache sous son bras et recommanda à Marguerite de ne point laisser la porte ouverte.

— Je ne veux pas que tu sortes de la journée, s'écria la craintive épouse ; tu sais bien la visite que nous avons eue hier. Si ce loup que nous avons échaudé venait à te rencontrer, il pourrait bien te jouer un mauvais tour. Et puis je t'avoue que pour mon compte, je ne suis point trop hardie. Si tu sors, je croirai toujours qu'une demi-douzaine de loups vont enfoncer la porte.

— Sotte que tu es, répondit Renard, tiens toujours de l'eau chaude sur le fourneau, tu sais bien que compère le loup n'aime pas qu'on lui fasse la barbe. Et puis nous n'avons pas assez de bois pour la journée, il est nécessaire que j'aille à la provision. D'ailleurs, n'ai-je pas ma hache ?

En disant ces mots, Renard se mit en route. A la vérité, il n'était pas tout-à-fait rassuré sur le loup de la veille. Aussi avait-il soin de regarder souvent derrière lui et mit-il plus de précipitation que de coutume à rassembler les éléments de son fagot. Déjà il avait coupé sa provision de branches sèches et il les avait coupées en deux pour en faire un fardeau moins embarrassant ; il avait étendu ses cordes sur la neige gelée, et un genou en terre, il arrangeait chaque brin avec symétrie avant de les lier, lorsque tout-à-coup il lui sembla entendre craquer la neige. Il se retourne et voit le loup de la veille qui s'avançait vers lui. Il le reconnut, parce qu'il avait la tête et le museau pelés par le contact de l'eau chaude. Plein de trouble à cette vue et oubliant de courir à sa hache qui était à quelques pas de là, notre bûcheron se laissa aller à terre et contrefit le mort. Il avait ouï dire dans son enfance que les loups n'attaquent que les animaux vivants et qu'ils ne se jettent point sur les cadavres. Le loup arriva auprès de lui et se mit à flairer le pretendu mort et à le retourner dans tous les sens. Pendant cette inspection, Renard n'osait souffler et se laissait faire sans ouvrir les yeux. Une fois, il sentit le museau du loup s'arrêter sur son visage, et il crut alors que son heure dernière était venue. Le loup fut dupe de cette feinte, il crut le bûcheron véritablement mort et il commença à gratter la neige et à l'amonceler autour du cadavre comme pour le cacher. Heureusement, la neige était endurcie par la gelée ; sans cela, le pauvre Renard aurait été enterré tout vivant sous la neige. Enfin le loup voyant qu'il lui était impossible de bien couvrir sa proie, s'éloigna en courant et le bûcheron se crut enfin délivré ! Il leva la tête et n'apercevant plus l'animal, il se remit debout, secoua ses vêtements et souffla dans ses doigts pour se réchauffer. Ne se souciant point néanmoins de voir revenir le loup, il se hâta de lier son fagot et il se disposait à le mettre sur son dos, lorsqu'il entendit de nombreux hurlements du côté d'où le loup était venu la première fois. C'en est fait de moi, pensa-t-il, ce maudit loup a voulu m'enterrer parce qu'il ne voulait point me manger seul. Le voilà qui est allé chercher ses camarades, et cette fois-ci, mort ou vivant, il faut que je devienne leur curée ! si seulement j'avais écouté ma femme !

Les hurlements se rapprochaient de plus en plus. Soudain, une heureuse idée passa par la tête du bûcheron ; il la mit à exécution. Près de lui était un énorme chêne, il y grimpa et ne s'arrêta que quand il fut arrivé à la dernière branche. Les loups arrivent bientôt ; le loup pelé qui tenait la tête fut bien confus quand il ne vit plus le bûcheron où il l'avait laissé. Les camarades ne trouvant point la proie promise, commencèrent à grogner, et des grognements ils en vinrent à une attaque ouverte. Ils s'élancèrent sur le loup échaudé et lui infligèrent une si rude correction que la pauvre bête pelée se mit à hurler comme si on l'avait échaudée de nouveau. Renard aperçut cette scène du haut de son arbre et il se prit à rire, en pensant que son ennemi allait être dévoré à sa place. Cette action lui fut fatale. Les loups, surpris, levèrent la tête et aperçurent le malheureux bûcheron, qui cette fois ne rit plus.

Les loups cessèrent de harceler le pelé, et tous ensemble, s'approchant de l'arbre se mirent à tenir conseil.

Bientôt le loup échaudé se dressa contre le tronc du chêne en s'y appuyant de toutes ses forces par les pattes de devant. Un autre loup grimpa sur le dos du premier et d'un bond, s'élança jusque sur sa tête. Arrivé là, il se dressa aussi contre l'arbre et jeta un regard en bas, comme pour inviter un troisième loup à monter à l'assaut. Déjà quatre ou cinq loups étaient échelonnés ainsi les uns sur les autres ; il ne fallait plus qu'un loup peut-être et le pauvre Renard allait être saisi par les jambes et arraché de son poste. Sa situation semblait désespérée. Heureusement, il se souvint tout-à-coup de l'effet que l'eau chaude avait produit la veille sur le loup, et en conséquence il cria à tout hasard et aussi fort que la frayeur put le lui permettre : *verse Marguerite*. Ces mots changèrent la scène. Le loup échaudé qui formait le pied de l'échelle se laissa aller à terre et s'enfuit à toutes jambes. Les autres loups manquant de point d'appui, tombèrent les uns sur les autres comme les pierres d'un mur qui s'écroule. Effrayés, ils s'enfuirent aussitôt. Renard descendit de l'arbre, ramassa sa hache et reprit le chemin de la maison, sans prendre le temps de mettre sur ses épaules la charge de bois qu'il avait amassée.

Mais le pauvre bûcheron n'était point au bout de ses malheurs. En traversant la route de la forêt, il rencontra une bande de voleurs qui venaient d'assassiner un marchand et qui étaient en train de piller sa voiture. L'un des voleurs dit : nous sommes perdus, si nous ne tuons cet homme, car il va sûrement nous dénoncer.

Non, répondit un voleur plus humain, nous ne devons point répandre le sang inutilement ; cela nous porterait malheur. Voici justement sur la voiture un tonneau vide, défonçons-le, faisons-y entrer cet homme, puis lorsque le fond sera remis, nous roulerons l'homme et le tonneau dans la forêt, avant que le prisonnier ne parvienne à s'échapper nous aurons gagné du terrain. Ce projet fut exécuté. Le pauvre Renard fut empoigné malgré ses cris et emprisonné dans le tonneau. Il demanda en grâce que l'on ouvrît la bonde, ce qui lui fut accordé. On roula ensuite le tonneau au fond d'un ravin éloigné de toute espèce de sentier ; puis les voleurs s'éloignèrent en riant et en recommandant à leur locataire de ne point s'ennuyer. Il y avait plusieurs heures que Renard était dans cette cruelle position, quand le loup échaudé passant par là et entendant des gémissements, s'approcha du tonneau avec toute la prudence dont est capable un loup. Lorsqu'il vit qu'il n'y avait pas de piége caché, il mit son nez près de la bonde ouverte et reconnut l'homme qui lui avait déjà échappé deux fois. Il se mit alors à faire le tour du tonneau, cherchant comment il pourrait gober sa proie. Pendant qu'il flairait et s'agitait dans tous les sens, sa queue qui frétillait de plaisir, vint se poser près du trou qui servait de fenêtre à Renard. Celui-ci ne laissa point échapper l'occasion, il passa vite deux doigts à travers la bonde et parvint à saisir la queue du loup. Lorsqu'il eut cette queue en sa possession, il lui fut aisé de la tirer dans le tonneau, puis de l'empoigner à deux mains. Je t'ai maintenant à ma disposition, maudit loup, cria alors le bùcheron, tu vas me servir de cheval d'attelage : hue ! Le loup épouvanté se mit alors à courir et le bûcheron se gardait bien de lâcher la queue. Le tonneau traîné sur la neige allait aussi vite que la poste, et lorsque le loup fatigué, voulait prendre du repos, Renard lui tirait la queue de toutes ses forces, et la pauvre bête était obligée de se remettre en course. Enfin le tonneau alla heurter contre un tronc d'arbre qui fit sauter les cercles ; les douves se déjoignirent et le bûcheron se trouva délivré. Le loup épouvanté du choc se sauva à toutes jambes et laissa sa queue entre les mains de Renard qui ne le revit plus.

(*Le Double Almanach de la gaieté, de la vérité et du bon sens* pour 1846, Raon-l'Étape.)

On peut rapprocher de ce conte le conte algérien suivant :

Parmi les hôtes des monts Aurès, vivait une lionne qui n'avait jamais eu de petits. La première fois qu'elle mit bas, elle donna le jour à un lionceau. Elle lui prodigua force caresses et cajoleries, et laissa à la nature le soin de développer en lui les qualités de sa race. S'il sortait de son repaire pour faire de courtes promenades dans la montagne, elle le rappelait aussitôt pour le combler de nouvelles caresses et lui répéter sans cesse cette recommandation : « Mon enfant, crains le fils de la femme. »

Peu à peu cependant notre enfant gâté prit des forces ; ses membres grossirent, et sa crinière commença à poindre. « Maintenant, dit-il un jour à sa mère, je me sens fort, je suis courageux, et le fils de la femme ne m'inspire aucune crainte. Je veux aller le chercher et me mesurer avec lui. » La mère, effrayée essaya d'abord de le détourner de ce projet, mais rien n'y put faire. Ne pouvant vaincre l'obstination de son fils, elle se contenta de lui renouveler ses recommandations de prudence, et elle le confia à la garde de Dieu.

Notre lionceau s'élança aussitôt hors du repaire et gagna résolument la cîme des montagnes.

Il marcha assez longtemps sans rien rencontrer qui fût digne d'attirer son attention. Tout-à-coup dans une forêt éloignée, il aperçut un taureau. Ses cornes menaçaient le ciel; de ses yeux jaillissaient des étincelles; avec sa queue il fouettait ses flancs et ses pieds arrachaient la terre pour la rejeter au loin. Le lionceau s'arrêta. « Voilà, se dit-il, un animal dont l'extérieur menaçant correspond au signalement que l'on m'a dressé du fils de la femme; c'est bien là mon ennemi, allons le trouver. » Il assura sa démarche le mieux qu'il put et s'avança vers le taureau. « C'est bien toi, lui dit-il avec emphase, qui es le fils de la femme?»

— « Mon ami tu es fou, lui répond le taureau, le courage dont est doué le fils de la femme, Dieu ne l'a donné qu'à lui seul : Sais-tu comment il nous traite, moi et ceux de ma race? Il nous prend, nous passe un joug sur la tête et nous utilise à ses besoins. Si nous essayons d'être paresseux et récalcitrants, l'aiguillon est là pour nous stimuler et nous corriger. Enfin, lorsque nous sommes harassés de fatigue et que nous ne pouvons plus lui fournir de travail, comme récompense de nos services, la hache nous attend. Le fils de la femme nous égorge, il dépèce notre viande et en fait sa nourriture. »

Le lionceau écouta en silence les paroles du taureau, il réfléchit un instant, puis il reprit sa route. Il avait bien l'âme un peu bouleversée, mais néanmoins il se proposait toujours d'aller trouver son ennemi, fallut-il pour cela remuer ciel et terre.

Il marcha quelque temps et se trouva tout-à-coup en face d'un chameau qui se délectait à paître du chich.

Pour le coup, se dit le lionceau, voilà bien le fils de la femme; c'est ma bonne étoile qui me l'amène... « Eh! mon brave, lui dit-il en s'avançant vers lui, n'est-ce-pas toi qui est le fils de la femme? Le chameau fut pris d'un accès de fou rire. « Tu n'y es pas, mon ami, lui dit-il, tu n'y es pas; mais au fait que lui veux-tu donc, au fils de la femme? Fais-y bien attention, quelle que soit ta valeur, tu ne peux pas approcher de lui. Es-tu capable de me lier les genoux, de me faire coucher pour mieux me mettre à ta portée, d'assujettir un bât sur mon dos, et, après y avoir entassé fardeau sur fardeau, de te placer toi-même par-dessus le tout? Non, n'est-ce pas? eh bien! c'est là ce que fait tous les jours le fils de la femme. S'il lui prenait en outre envie de m'égorger, je serais sans défense aucune. Voilà, mon cher, les procédés du fils de la femme. Si tu es encore désireux de faire sa connaissance, tu n'as qu'a continuer ta route. »

« — Tu es un poltron, mon ami, » lui répondit le lionceau d'un ton qu'il essayait de rendre dédaigneux. Tes paroles et celles de ce taureau que j'ai rencontré là-bas me sont entrées par une oreille et elles sont sorties par l'autre. Elles ne diminuent en rien mon désir de me trouver face à face avec mon ennemi: donc, je continue ma route. »

Il cheminait depuis un instant, lorsqu'il aperçut un cheval qui bondissait dans une prairie. « Cette fois, se dit notre évaporé, c'est bien là celui que je cherche. Ho! hé! cria-t-il d'assez loin, c'est bien toi, n'est-ce pas, qui es le fils de la femme?

— C'est à moi que tu t'adresses? demanda le cheval.

— A qui donc veux-tu que ce soit?

— Dans ce cas porte ailleurs tes plaisanteries; laisse-moi me rouler tranquillement sur l'herbe, et ne viens pas troubler ma gaieté.... Moi, le fils de la femme! continua-t-il... allons donc! il viendra bien assez tôt pour me saisir, me mettre une selle sur le dos et un mors de fer dans la bouche.

— Vraiment? dit le lionceau.

— Cela t'étonne? reprend le cheval; ce serait peu, mon ami, si, montant ensuite sur mon dos, il ne me labourait les chairs avec de longs éperons et ne faisait ruisseler le sang sur mes flancs.

Le lionceau fut atterré et une sueur froide parcourut tous ses membres. Il craignit cette fois de s'être trop avancé; mais il ne lui semblait pas possible de reculer: Il reprit donc sa route en proie à ses réflexions.

Il se trouva tout-à-coup dans une forêt, et il aperçut devant lui un bûcheron. « Il est impossible, pensa-t-il, que ce soit là le fils de la femme, qui d'après tout ce qu'on m'en a dit, doit être un véritable phénomène. C'est égal, j'interrogerai cet être chétif et mesquin; il pourrait bien m'aider à découvrir celui que je cherche... « Dieu t'assiste mon ami, dit-il au bûcheron en s'approchant de lui; depuis longtemps déjà je suis à la recherche du fils de la femme; est-ce que tu ne pourrais pas m'aider à le découvrir? »

— Mon Dieu, monseigneur, c'est chose facile, lui répond le bûcheron, je vais aller vous le chercher, mais auparavant ayez donc la bonté de me donner un coup de main, vous qui me paraissez passablement robuste, mettez, s'il vous plait, votre patte dans la fente de ce tronc d'arbre pour qu'il ne se referme pas pendant mon absence.

Le lion fait ce qu'on lui demande ; le bûcheron retire le coin qui tenait écartées les deux moitiés du tronc ; celui-ci se resserre subitement et étreint notre animal mieux que n'eût fait un étau de forgeron (1). Il essaye de retirer sa

(1) Cf. Cosquin, Contes populaires lorrains, dans **Romania**, 1876, p. 93.

patte, mais tous ses efforts restent vains. Le bûcheron part aussitôt, coupe une dizaine de triques bien noueuses et revient en courant ; il empoigne notre lionceau par la queue et lui administre une bastonnade telle qu'il lui broie les os et lui rend le dos aussi mou que le ventre. Il le lâche enfin et le laisse partir en l'engageant à donner à ses connaissances des nouvelles du fils de la femme.

Notre lionceau, à moitié mort, reprit clopin-clopant le chemin de son antre. Lorsque sa mère le vit dans ce piteux état, elle se reprocha amèrement sa faiblesse ; elle le fit placer dans le fond de sa chambre et se mit à le lécher et à le soigner de son mieux. « Tu vois, mon fils, lui dit-elle, mes recommandations n'étaient pas inutiles, tu as certainement rencontré aujourd'hui le fils de la femme. »

Le lionceau raconta à sa mère ce qui lui était arrivé.

— Reste ici tranquille et console-toi, lui dit sa mère. Je vais réunir les contingents de nos montagnes ; je les conduirai à la forêt, et nous te vengerons, sois-en certain.

Elle partit, en effet, et réunit tous les lions de la montagne; puis elle revint vers sa demeure, et montrant à son fils ce formidable escadron : « Penses-tu, lui dit-elle, que ceux-ci soient capables de te venger?

— Oui, certes, répondit le lionceau; mais j'aurais beaucoup plus de plaisir à me venger moi-même.

— Lève-toi, dans ce cas, lui dit la lionne exaltée, et précède-nous.

Cette bande terrible se mit en marche et arriva en rugissant près du bûcheron. « Je suis perdu, se dit celui-ci en voyant les lions; c'est aujourd'hui mon dernier jour. » Il regarde autour de lui, se cramponne à l'arbre le plus élevé, et grimpe au sommet.

Arrivés au pied de l'arbre, les lions ne savaient comment déloger notre homme. « Je vais vous indiquer un moyen, leur dit le lionceau : je resterai au pied de l'arbre et vous ferai la courte échelle; vous vous échafauderez sur mon dos jusqu'à ce que vous ayez atteint notre ennemi, puis vous me le livrerez; c'est moi qui en aurai soin. » L'avis fut trouvé bon, et une pyramide de lions se forma le long de l'arbre. Le dernier allait atteindre le bûcheron, lorsque celui-ci s'écria : « De grâce, passez-moi donc un bâton pour caresser les côtes de celui qui est en bas. » Le son de cette voix et l'idée du bâton effrayent à un tel point notre lionceau, qu'il se dérobe brusquement de dessous la pyramide pour se sauver à toutes jambes. Tous les lions dégringolent avec une telle rapidité, que ceux qui ne se tuent pas se meurtrissent au moins considérablement. Le bûcheron descend précipitamment, achève les blessés et leur enlève la peau; puis, chargé de ces superbes trophées, il rentre a son douar en chantant victoire.

GÉRARD, *Le Tueur de lions. Appendice.*

58. — Conte :

LE LOUP ET L'ÉCUREUIL.

Un loup vit un jour un écureuil au haut d'un arbre. Comme il voulait le croquer, il imagina la ruse suivante; il dit à l'écureuil : « Ah ! mon ami écureuil, ton père était bien plus leste que toi, il aurait sauté de l'arbre où tu es, jusqu'à cet autre arbre. » Et en même temps le loup lui désignait un arbre assez éloigné. L'écureuil se piqua d'honneur et se lança dans l'espace. Comme le loup l'avait prévu il n'atteignit pas l'autre arbre et tomba sur le sol. En deux bonds le loup sauta dessus et le tint sous ses pattes; il se préparait à manger le malheureux écureuil, lorsque celui-ci lui dit : « Ah ! ton père était bien plus honnête que toi, il n'aurait rien mangé sans faire auparavant le signe de la croix. » Le loup voulut être aussi honnête que son père et il se mit à faire le signe de la croix. L'écureuil profita de ce moment pour s'échapper, se mit à courir et s'enfonça dans un tas de pierres et de broussailles ; mais le loup qui le poursuivait, l'attrapa par la patte de derrière. « Tire, tire, loup, tant que tu voudras la racine du buisson. » Et le loup croyant en effet s'être mépris lâcha la patte de l'écureuil qui fut ainsi sauvé.

(*J'ai recueilli ce conte à Vals* (Ardèche), *en août* 1876.)

59. — Conte :

LE LOUP ET LE RENARD.

Le loup voulut un jour manger le renard; celui-ci lui dit : « loup, ne me mange pas, je connais une cave où il y a beaucoup de miel, nous irons ensemble nous y régaler. » Ils y allèrent ; pour entrer, ils furent obligés de passer par une ouverture assez étroite. Chaque fois que le renard avait mangé un peu de miel, il allait voir auprès du trou s'il pourrait encore y passer ; enfin il arriva un moment où il crut prudent de cesser de manger et sortit en invitant d'un ton railleur le loup à en faire autant. Le loup n'avait songé qu'à son appétit, il avait tant mangé, qu'il était devenu énorme ; impossible de sortir de la cave. Quelque temps après, des gens y entrèrent et il fut roué de coups.

Un autre jour, ayant rencontré le renard, le loup le poursuivit, désireux de se venger, mais le renard se fourra sous un tas de pierres ; le loup était arrivé juste à temps pour lui saisir la patte de derrière. « Tire, tire, tant que tu voudras la racine du buisson », dit le renard ; le loup crut avoir saisi par erreur une racine et lâcha le renard.

Un autre jour, le loup surprit le renard et voulut le manger : « loup, ne me mange pas, supplia le renard, nous irons faire bombance dans un champ de navets que je connais. » J'accepte, dit le loup et les voilà partis. Arrivés au champ de navets, le renard dit : mon ami loup, il nous faut partager, aimes-tu mieux ce qui est dessus ou ce qui est dessous? Le loup préféra ce qui était dessus; bien, dit le renard, et il se mit à manger les navets, tandis que le loup mangeait les feuilles qu'il trouvait détestables.

« Comme compensation, je vais te régaler d'excellentes truites, dit le renard au loup, je connais un gouffre, (trou d'eau très-profond) où il y en a une quantité ; j'irai les pêcher moi-même. » Ils vont pêcher des truites ; le renard attache à la queue du loup un panier destiné à recevoir les produits de la pêche, puis il se met à la besogne ; chaque fois qu'il plonge, il prend une truite qu'il croque immédiatement, et, en guise de poisson, va mettre dans le panier une grosse pierre. Finalement il s'enfuit en se moquant du loup. Celui-ci voyant qu'il a encore été mystifié, s'élance à la poursuite du renard, mais ô douleur ! toute la peau de sa queue reste attachée au panier chargé de pierres.

Tout écorché qu'il est, le loup rattrape le renard.

« Loup, pardonne-moi, je connais tout près d'ici, dit l'animal rusé, une vieille femme ; c'est l'heure où elle va mettre sur le feu sa poèle pleine d'huile, tu entreras tout doucement et tu y tremperas ta queue ». Ce que fit le malheureux loup, qui se brûla horriblement ; l'huile était bouillante. Le renard choisit cet instant pour s'esquiver. Depuis ce temps, le renard, aussitôt qu'il aperçoit le loup, s'enfuit prudemment. Le loup qui le voit se sauver lui crie *hé! hé! fuyard! fuyard* !

Je ne m'appelle pas *fuyard*, répond de loin le renard, je

m'appelle *celui qui fait tremper la queue du loup dans la poêle.*

(*J'ai recueilli ce conte à Vals* (Ardèche), *en août* 1876.)

60. — Conte :

LE LOUP ET L'ANE.

D'après une chanson de l'ouest (Angoumois) un loup rencontre un âne et lui dit qu'il va le manger, celui-ci lui indique des moutons dans une lande, le loup y va et ne trouve rien, il revient pour manger l'âne; celui-ci lui indique des choux dans un jardin, le loup y va et ne trouve rien ; il revient près de l'âne qui lui assure que chez lui il y a à boire et à manger. Le loup monte sur l'âne et il est rossé par le maître de ce dernier (1).

Voyez J. Bujeaud, *Chants, etc.*, 2e vol. p. 319.

61. — A Gourin (arrondissement de Napoléonville), il y a une chapelle appelée : *Chapelle Saint-Hervé.* Voici ce qu'on raconte au sujet de ce saint :

« Un jour, saint Hervé travaillait à un petit champ avec un cheval, un loup étant survenu et ayant dévoré l'animal, le saint dit au loup : tu feras son travail, et il l'enchaîna. »

Saint Hervé est invoqué par ceux qui veulent préserver des loups leurs troupeaux. On vient à cheval de tous les environs en pèlerinage lui porter des moutons en offrande. Il y a deux pardons : le plus grand est celui du dernier dimanche de septembre ; il s'y fait une procession à cheval.

Rosenzweig, *Archéologie de l'arrondissement de Napoléonville*, p. 15.

(1) D'après une autre chanson (Bas-Poitou), le loup monte sur un âne qu'il rencontre allant à la noce. L'âne fait un pet et le tue raide.

Bujeaud, id. p. 323.

Si le loup vient pour manger les moutons, celui qui les garde n'a qu'à dire :

Mar vesez Guilhou, ra'zy pell an han Doué
Mar vesez Satan, ra'zy pell, dré sant Hervé.
= Va t'en, par le vrai Dieu, si tu es loup, va t'en par saint Hervé, si tu es Satan.

CHEVAS, *Galerie armoricaine*, 1er vol. p. 46.

62. — « Si une cense a plenté de brebis qui aient pluiseurs aigneaux et apres la disme payée on n'en présente chascun an un au loup, certes il en prendera un, nonobstant garde qu'on y commette. »

Evangile des Quenouilles, édition JANNET, p. 53.

« Qui ne présente un aigneau au loup en l'onneur de l'aignel de Dieu, il sache certainement qu'il y en aura de foireux en l'année. »

Evangile des Quenouilles, id.

63. — « Je vous dy pour aussi vray que Euangile que, se une personne mengue d'une beste que le loup aura estranglé et de laquelle aura par aventure mengié, à grant paine puet icelle personne rendre ame se le loup n'estoit premierement mort. »

Evangile des Quenouilles, id., p. 77.

On dit aussi de cette personne :

« Il ne pourroit parler, par longtemps, s'il n'avoit fait son offrande à monseigneur Sainct Loup. »

64. — « Si le loup sentait
Si l'anis (1) voyait,
Et si la chèvre avait des dents dessus
Tout le monde serait perdu. »

Isère, LAURENT, l'*Avocat de l'Isère*, *Tournai*, 1873, p. 116.

65. — Proverbe :

« Tsao mâ mariâ le loup par qu'au cheguesse bouna besti. »

c'est-à-dire : il suffit de marier le loup pour l'apprivoiser.

Forez, GRAS, *Evangile des Quenouilles foréziennes*, p. 105.

(1) **Anis = Orvet.**

66. — Proverbe :

« Il est comme le chien du maraudeur, qui veut manger le loup et que le loup mange. »

LUCAS DE MONTIGNY, *Récits variés*, p. 331.

67. — Dans l'Ardèche, le mot *loubo* a comme autrefois le mot latin *lupa*, le sens de *femme débauchée*.

68. — Chanson champenoise :

Loup, loup, loup,
Compère le loup,
T'as beau flairer la sœurette,
Loup, loup, loup,
Compère le loup,
Tu n'entreras pas chez nous !

Méchant sournois, rôde, rôde ;
La faim t'a chassé du bois :
Tourne autour de notre porte.....
La chair fraîche n'est pas pour toi !

Loup, loup, loup,
Compère le loup,
T'as beau flairer la sœurette ;
Loup, loup, loup,
Compère le loup,
Tu n'entreras pas chez nous.

Le Conseiller des Enfants, Paris, 1853, p. 309.

LE LOUP-GAROU.

1. — Du bas latin *gerulphum* [1], *gerulphum lupum* et *lupum gerulphum*, viennent les mots suivants :

GAROL, *m.* ancien français.
GAROUL, *m.* id. id.

[1] **Gerulphus** est d'origine germanique et représente le suédois **varulf**, garou. **Varulf** est composée de **var**, homme, et **ulf**, loup, et signifie proprement : **homme loup**. Brachet, Dict. étym.

Pour l'étymologie du mot **loup garou** et pour l'origine de l'expression **courir le guilledou**, voyez S. Bugge, dans **Romania**, 1874, p. 151.

GARWAL, *m.* id. id.
GAROU, *m.* français.
GAIROU, *m.* Haut-Maine, Montesson.
VAROU, *m.* Normandie; — Guernesey, Métivier.
GARELOUP, *m.* Yonne, Cornat.
GUÈRELOUP, *m.* id. id.
VOIRLOUP, *m.* Champagne, Grosley; — Aube, Tarbé.
LOUP GAROU, *m.* français.
LEU WAROU, *m.* wallon, Grandgagnage, Sigart; — rouchi, Hécart; — picard, Corblet; — Flandres, Vermesse.
LÈWAROU, *m.* wallon, Grandgagnage.
LEWARO, *m.* wallon montois, Sigart.
LEU VOIROU, *m.* Bourgogne, Mignard.
LOUP BEROU, *m.* Berry, Jaubert.
LOUP VERROU, *m.* Morvand, l'abbé Bautiau, 1er vol., p. 43.
LOUP BROU, *m.* Berry, Jaubert.
LEBROU (= GLOUTON), *m.* Chef Boutonne, Beauchet Filleau.
LEBEROU, *m.* Tulle, Beronie.
LEBEROUNO, *f.* (sorcière transformée en loup) Tulle, Beronie.
LOUARAT, *m.* Centre, Jaubert.
LAOU ARRAOU, *m.* Meuse, Cordier.
LOUP LÉEROU [1], *m.* Périgord, de Nore, p. 157.

Cf. **Were wolf**, anglais. — **Werwolf**, moyen haut allemand.

2. — Nisard, *Curiosités de l'étymologie*, cite les mots suivants comme servant ou ayant servi d'injures :

VAIN LAIWAROU, c'est-à-dire vilain varou. Artois.
LOUÈROUX, c'est-à-dire loup garou. Picardie.
LEUWAROU, LEUWAROU, démon. Picardie.
SACRÉ LOUP VOIROU. Bourgogne.

« Ribault prêtre, Champiz, *loup béroux.* »

Lettres de rémission de 1415.

« Jean Cosset tint plusieurs propos injurieux sur lesdits Jean et sa femme, appelant nommément ledit Jean *leu wassé* et sa femme *ribaude.* » *Lettres de rémission de* 1355.

[1] Dans **loup léerou**, le mot **loup** se trouve trois fois.

Nisard cite encore ce passage où l'on trouve le *loup garou* sous un autre nom :

« La grant ardeur de son courage
Le fait semblant à loup ramage. »

Consolat. de Boece, manusc. liv. IV.

3. — Du mot *garou*, viennent :

GAROUAGE, *m.* français.
GALLOUAGE, Centre, Jaubert.

mots qui signifient : *vagabondage nocturne, débauche de nuit,* et :

VAROUILLÉ, Normandie, Dubois et Travers.

Ce mot signifie *crotté et mouillé* comme on suppose qu'est le *varou* ; et, en effet, on dit à Pont-Audemer, (Vasnier) d'une personne souillée de boue : *qu'elle est faite comme un varou.*

4. — « Certaines personnes sont forcées à chaque pleine lune de se transformer en loup garou, entre autres les enfants illégitimes. — On reconnaît ces personnes en ce qu'elles ont les doigts un peu plats, et des poils dans le creux de la main. C'est la nuit que le mal prend, on se plonge dans une fontaine et on en ressort de l'autre côté avec une peau de chèvre, et dans cet état, on mord et on mange les chiens qu'on rencontre. »

DE NORE, p. 157.

« Certains individus sont forcés au temps de la pleine lune, de se transformer en *loups garoux.* Le mal les prend toujours la nuit, lorsqu'ils en sentent les approches, ils s'agitent, sortent de leur lit, sautent par la fenêtre et vont se précipiter dans une fontaine ou dans un puits, d'où ils sortent quelques instants après, revêtus d'une peau blanche ou noire que le diable leur a donnée. Dans cet état, ils marchent très-bien à quatre pattes, passent la nuit à courir les champs et à hurler dans chaque village qu'ils traversent. A l'approche du jour, ils reviennent à la fontaine, y déposent leur enveloppe et rentrent chez eux où ils tombent souvent malades de fatigue. »

GAUTIER, *Statistique de la Charente-Inférieure*, La Rochelle, 1839, p. 234.

« La transformation d'hommes en *loups garoux* dure 3 ou 7 ans ; ils courent la nuit. On les délivre en les blessant avec une clef jusqu'à effusion du sang. Les anciennes lois normandes parlant de la punition de certains crimes ajoutent : que le coupable soit loup, *warqus esto*; c'est-à-dire qu'on le poursuit, qu'on le tue comme un loup. » (PLUQUET, *Contes*, p. 15.)

« Le *varou* est une vision qu'il est bon d'éviter; sa rencontre peut être funeste..... Le *varou* est un misérable qui a été excommunié sept fois ou quelque avare qui, pour avoir de l'argent, s'est donné corps et âme au démon. En conséquence de ce marché, le diable en fait sa monture habituelle et le force à le porter, des nuits entières, le long des chemins, en courant à toutes jambes au travers des mares. Souvent le patient est obligé de passer au travers des broussailles et des épines. Cela explique parfaitement pourquoi certains valets qui portent le varou se voient au matin tout sanglants et harassés. Le varou ne court guères que dans les longues nuits de l'hiver, par un temps obscur et affreux ; mais particulièrement comme le porte le proverbe : « Entre Noël et la Chandeleur, où toutes bêtes sont en horreur. » Le mieux quand on rencontre cette vision, c'est de se ranger promptement le long d'une haie, car elle suit toujours le milieu des rues. On assure que celui qui serait assez hardi pour faire au loup garou du *sang entre les deux yeux*, délivrerait le patient, mais l'épreuve est très-hasardeuse. Le varou n'aime pas les croix, il hurle horriblement quand il en rencontre une. Il revêt plusieurs formes, quelquefois il a la figure d'un loup ou d'un chien énorme, en d'autres rencontres, il ressemble à un âne, à un veau, etc. »
Annuaire du département de la Manche, 1832, p. 211.

« Les loups garoux se nomment en breton *den-vleiz* (homme loup) au singulier, et *tud-vleiz* au pluriel. Ce sont des hommes qui, la nuit, revêtent une peau de loup et prennent en même temps le naturel de cette bête. Ils courent les bois, les champs, attaquant les hommes, les animaux. Au point du jour, ils cachent leur peau avec le plus grand soin et rentrent secrètement chez eux. Il existe entre leur peau de loup et leur corps une sorte de solidarité d'impressions physiques si grandes qu'ils éprouvent toutes celles auxquelles elle est exposée. C'est ainsi que si elle est placée dans un lieu froid, ils éprouvent tout le jour un vif sentiment de froid. On raconte qu'un loup garou avait caché sa peau de loup dans un four. Pendant le repas, la fermière y fit allumer du feu. Aussitôt le loup garou se mit à crier : je brûle, je brûle et à se démener comme s'il avait été dans une fournaise. Ces hommes loups passent pour être doués d'une grande force physique et font d'excellents travailleurs. »

LE MEN, *Tradit. et Superst. de la Basse-Bretagne, Revue celtique*, 1er vol., p. 420.

« Les loups garoux sont des hommes convertis en loups pour avoir été plus de dix ans sans approcher du tribunal de pénitence. »

HABASQUE, 1er vol., p. 285, en note.

« Pour réussir à tuer un loup garou, il est de nécessité de se servir de balles bénites, et il ne faut avoir confié à personne son dessein. Ces précautions prises, on peut tirer sur le loup ou sur son ombre, cela est indifférent. Quelques personnes prétendent que c'est à l'ombre seule qu'il faut s'attaquer. Lorsqu'il a été atteint ainsi, le loup garou ne tarde pas à périr. En expirant, il reprend sa forme humaine, mais sa taille a grandi d'une manière remarquable et l'une de ses jambes s'est allongée de manière à dépasser beaucoup l'autre. »

DE NORE, p. 157.

« Le loup garou vous renvoie la balle que vous tirez sur lui, si vous n'avez pas eu la précaution de la mâcher.

JUGE J.-J., p. 132.

« Avant la Révolution, on publiait des monitoires appelés *quérémonies* contre le malfaiteur qui n'avait pu être découvert et contre ceux qui le connaissaient et le cachaient. A la troisième publication, on débaptisait le malfaiteur et ses complices, et dès lors, il appartenait au diable et courait le loup garou. — Tous les soirs, après le coucher du soleil, le malheureux se revêtait d'une peau de loup, qu'on appelait *hère* ou *hure*, et le diable à qui il était échu en partage le fouettait cruellement au pied de toutes les croix et au milieu de tous les carrefours. Pour délivrer un loup garou, il faut lui porter dans le front trois coups de couteau bien appliqués. Si le sang coule, le loup garou est sauvé, sa *hère* tombe. Il y a des personnes qui disent qu'il ne faut tirer que trois gouttes de sang. Le loup garou court trois ou sept ans. Si on ne le délivre pas, le temps recommence. »

CHRÉTIEN, p. 18.

« A Angles, on racontait autrefois que le pasteur excommuniait solennellement le criminel resté inconnu ; à partir de ce jour, il était condamné *à courir le garou pendant sept ans et à visiter sept paroisses par nuit.* »

Annuaire de la Société d'Emulation de Vendée, 1862, p. 67.

« Une *garache* est une personne humaine qui est changée en bête toutes les nuits. Pour la ramener à son état naturel, il faut faire couler le sang, mais elle ne peut être atteinte par le plomb ou par la balle, que lorsqu'on met dans le canon du fusil trois petits morceaux de pain bénits recueillis aux trois messes de Noël. »

Annuaire de la Société d'Emulation de la Vendée, 1861, p. 142.

« Les garoux en Normandie, sont des damnés qui sont restés éveillés dans leur fosse, et qui, après avoir dévoré le mouchoir arrosé de cire vierge, qui couvre le visage des morts, sortent malgré eux de la tombe et reçoivent du démon la haire ou peau de loup magique. — Le seul moyen de les arracher à ce terrible supplice est d'aller droit à eux, lorsque le hasard les met sur votre chemin, et de les frapper au front de trois coups de couteau en mémoire de la Trinité. »

SOUVESTRE, *Les derniers Paysans*, Paris, 1856, p. 14.

« Le loup garou est toujours enragé de male rage, il n'aime pas l'eau et rien que la rosée lui brûle les pattes et le fait hurler..... Il est gros comme un poulain..... On dit qu'il a six pattes,.... ses yeux sont blancs, il a une grande langue rouge qui pend jusqu'à terre; il fait claquer ses dents blanches avec un bruit du diable, il porte la queue comme un beau coq, haute et droite; il ne touche pas au bouc (car le bouc est une figure du diable) mais il enlève les brebis..... Les loups garoux sont les âmes des méchants que le bon Dieu et la Sainte-Vierge ont cousus pour un temps d'expiation, dans la peau d'une bête, après quoi, elles vont au purgatoire, à cette fin de finir le payement des fautes de leur vie humaine...... Ces animaux sont invulnérables tout le temps de leur garouage. »

J. SURMOY, *Monde des Enfants*, 1re année, p. 114.

« Une femme se trouvant au milieu de la nuit dans sa basse-cour, voit un loup garou qui, sous la forme d'un énorme chien, se lève sur ses deux pattes de derrière et s'avance vers elle pour la saisir avec celles de devant. Terrifiée cette femme trouve cependant assez de force pour rentrer dans sa chambre et raconter à son mari ce qu'elle vient de voir. Celui-ci prend son fusil qu'il charge avec deux balles faites avec la cire d'un cierge pascal, tire sur le loup garou et le couche par terre. Il s'approche et au lieu d'un loup garou, il trouve un homme étendu qui lui dit : je vous suis bien obligé, voisin, vous m'avez tiré de peine. »

J.-M.-J. DEVILLE, *Annales de la Bigorre*, Tarbes, 1818, p. 246.

« Les loups garoux sont obligés de parcourir sept paroisses dans une nuit.

Forez, GRAS, *Evangile des Quenouilles foréziennes*, p. 105.

Les personnes qui voudront faire sur le *loup garou* des études approfondies, devront consulter l'excellente dissertation de WILHELM HERTZ, *Der Werwolf; beitrag zur Sagengeschichte. Stuttgart, 1862.*

5. — Un certain nombre de bêtes fantastiques se rattachent au *loup garou*; je ne citerai que :

« Les *lubins* qui sont des fantômes en forme de loups, cherchant à entrer dans les cimetières, d'ailleurs assez peureux. Leur chef est tout noir et plus grand que les autres. Lorsqu'on s'approche, il se dresse sur ses pattes, se met à hurler, et toute la troupe disparaît en criant : Robert est mort! Robert est mort! »

Bayeux, PLUQUET, p. 14.

« Le *lupeux* qui est un être fantastique, surnaturel à tête de loup et à voix humaine, qui attire les voyageurs dans les fondrières. »

Centre, JAUBERT.

6. — « On appelle *meneux de loups*, un sorcier qui a la puissance de fasciner les loups, qui s'en fait suivre et les convoque aux cérémonies magiques dans les carrefours des forêts. Il est très-redouté dans les campagnes; il a le pouvoir de se changer en loup garou. »

Centre, JAUBERT.

« On l'appelle aussi *sarreux de loups*. — Une grande chasse au loup ayant été infructueuse, un des batteurs dit qu'il ne fallait pas s'en étonner, qu'un tel avait eu bien soin de les *sarrer* tous dans son grenier. »

Centre, JAUBERT.

CANIS VULPES. L.

LE RENARD.

I.

1. — Du latin *vulpem*, vient :

VOLP, provençal moderne.

Cf. **Volpe, golpe,** italien. — **Golpe,** espagnol du XIIIe siècle, Romania, 1875, p. 52. — **Vurpi,** sicilien. — **Vurpe,** Gênes, Descriz. — **Ulp,** Bergame. — **Golpe,** corse. — **Vuolp,** Engadine. — **Uolp,** Oberland.

2. — De **vulpeculum,* diminutif de *vulpes,* viennent les mots suivants :

VOLPIL, *m.* ancien français, Scheler.
GOLPIL, *m.* ancien français, Scheler.
GORPIL, *m.* ancien français, Littré.
VERPIL, *m.* ancien français, Scheler.
GOUPIL, *m.* ancien français ; Ardennes, Tarbé.
GOUPI, *m.* Suisse romande, Bridel:
GUILLA, catalan des Pyrénées-Orientales, Companyo.

3. — « Le mot *Regnard* était dans la célèbre satire du Renard, le nom donné à cet animal, dont la vraie dénomination française était *volpil, verpil, goupil*... La haute réputation du poème a fait que son nom poétique a fini par supplanter l'appellation commune. *Regnard* est contracté de l'allemand *reginhart,* dont la signification, proprement *fort en conseil,* correspond parfaitement au caractère du renard. » SCHELER, *Dictionnaire d'étymologie.*

Voici les noms du renard dûs à cette origine.

REGNART, REGNARD, *m.* ancien français.
RAYNART. ancien provençal, Raynouard.

REYNAR, *m.* provençal moderne.
REYNAL, *m.* Toulouse, Poumarède.
ROINAL, *m.* Rouergue, Duval, p. 528.
RENARD, *m.* français.
RENAIR, *m.* picard, Marcotte.
RENAI, *m.* Suisse romande, Bridel ; Montbéliard, Salher.
RINART, *m.* Nice, Risso.
RNA, *m.* wallon, Sélys Longchamps.
RNÂ, *m.* Saint-Amé, Thiriat; Pays messin.
RNÂ, RNAN, *m.* Liége, Deby.
RENAUD, *m.* Ardennes, Tarbé.
REIGNARD, *m.* Bouches-du-Rhône, Villeneuve.

Cf. Ranart, catalan, Raynouard.

4. — Le renard porte encore les noms suivants que je ne me charge pas d'expliquer :

GUINER, ancien prevençal, Raynouard.
ABOUP, Pyrénées, Gascogne, Reinsberg-Duringsfeld, t. 11, p. 175.
SAPIAS, *m.* Anjou, Millet.
MANDRO, *f.* Provence, Languedoc.
MANDRETO, *f.* Provence, *Revue des langues romanes*, 1873, p. 315, 2e livraison.
MADRAIS, Liége, Deby.

Ce dernier nom est plus habituellement donné à la martre. Il semble expliquer le mot *madré* = rusé.

5. — La femelle porte le nom de :

REGNARDE, *f.* ancien français, Cotgrave.
RENARDE, *f.* français.

Le petit renard porte le nom de :

REGNARDEAU, *m.* ancien français, Cotgrave.
RENARDEAU, *m.* français.

6. — Le renard est la personnification de la ruse ; de là les mots suivants :

RENARDER, ruser, français.
RENARDIE, *f.* ruse, français.

REGNARDERIE, *f.* finesse, ruse, Cotgrave.
REGNARDISE, *f.* ruse, Cotgrave.
RENARÉ, rusé comme un renard, Normandie, Dubois et Travers.

7. — Proverbe :

Faire la guerre en renard,

c'est-à-dire : ruser avec son ennemi.

8. — Proverbe :

Un renard n'est pas pris deux fois au même piége.
Le renard ne se laisse pas prendre une seconde fois au lacet.
JUGE, p. 219.

9. — Proverbe :

A vieil reinard, non fau mounstra las cadenieros.
Provençal moderne, REINSBERG-DURINGSFELD, t. II, p. 12.

c'est-à-dire : il est inutile d'indiquer au vieux renard les endroits fourrés.

Cf. le proverbe anglais : **an old fox needs learn no craft.**

10. — Proverbes :

— Un bon renard ne mange jamais les poules de son voisin.
— Lous renards e las haginos s'en ban hé lou mau loèn.
Armagnac, REINSBERG-DURINGSFELD, t. I, p. 270-272.

c'est-à-dire : les renards et les fouines vont au loin faire leurs ravages.

Cf. le proverbe italien : **E come la volpe che non fa danno in vicinanza.**
Reinsberg-Duringsfeld, id.

Le proverbe allemand : **Wo der Fuchs sein Lager hat, da raubt er nicht.**
Reinsberg-Duringsfeld, id.

Le proverbe allemand : **Ein guter Fuchs frisst niemals seines Nachbars Hühner** id. id.

Le proverbe allemand : **Wo der wolf liegt, da würgt er nicht.**
id. id.

Le proverbe catalan de Valence : **Lo llob sempre va à caçar lluny del lloch hon sol estár.** id. id.

Le proverbe espagnol : **El lobe do mane daño no hace.** id. id.

11. — Proverbes :

— Il n'y a si fin regnard
Qui ne trouve plus finard.

Gab. MEURIER, *Trés. des Sentences*, cité par Leroux de Lincy.

— A regnard, regnard et demi COTGRAVE.

— A reynard, reynard et miech. Provençal moderne.

— Avec le renard, on renarde.

Cf. le proverbe toscan : **Con la volpe convien volpeggiare.**
Reinsberg-Duringsfeld, t. I, p. 269.

Le proverbe bergamesque : **Co le ulp bisogna volpesà.** id. id.

Le proverbe vénitien : **Co le volpe bisogna volpezar** id. id.

Le proverbe allemand : **Den Fuchs muss man mit Füchsen fangen.**
id. id.

Le proverbe bas-latin : **Contra vulpem vulpinandum.** id. id.

12. — Proverbes :

Dins lo cabo d'un bièl roinal
Y o toujours ouosses ou car.

Rouergue, DUVAL, p. 528.

c'est-à-dire : dans la cave d'un vieux renard, il y a toujours os ou chair.

13. — A volp voe che setembre aughessa 366 giorne.

c'est-à-dire : le renard voudrait que septembre eût 366 jours. Menton, *Andrews*, p. 58.

Sans doute parce que septembre est le mois où le raisin est mûr.

14. — Proverbes :

— A regnard endormy ne vient bien ne profit.
— A regnard endormi rien ne chet en la gueule.
— Renard qui dort la matinée
N'a pas la langue emplumée.
— Jamés aboup nagout goay bouque emplumade
Quan drom toustem de iour la grasse maytiade.

Gascogne, REINSBERG-DURINGSFELD, t. II, p. 175.

— Râinar që dor la matinâdo, n'a pas la gôrjho ëmploumado.
Languedoc, REINSB.-DURINGSF., id.

— Raïnard s'és pas matinous
N'a pas lou mourré plumous.
Sud-ouest de la France, *An. Combes*, p. 13.

— Lou roinal que n'es pas motinous
N'o pas lou mourre plumous.
Rouergue, DUVAL, p. 528.

— Regnard qui beaucoup tarde, attend la proie.
COTGRAVE.

Cf. le proverbe bas-breton :

Da louarn kousked
Na zeu tamm boed.

c'est-à-dire : à renard endormi ne vient pas morceau de viande.

SAUVÉ, *Revue celtique*, t. I, p. 245.

Et cet autre proverbe bas-breton :

Evit paka louarn pe gad
Ez eo red sevel mintin mad.

c'est-à-dire : pour attraper renard ou lièvre, il faut se lever de grand matin.

15. — Proverbe :

Zé faita de lhingua couma ein rena de coua.
Puy-de-Dôme, Gonod (dans *Descr. de la Fr.* par LORIOL p. 87.)

c'est-à-dire : elle est faite de langue comme un renard de queue, cette locution s'emploie à propos d'une femme bavarde.

16. — Proverbe :

Zo io avala le rena, la coua y sautaya, dia qua qué pas vré.
Puy-de-Dô . Gonod, id.

c'est-à-dire : il aurait avalé le renard, la queue lui sortirait, il dirait que ce n'est pas vrai. *Se dit d'un menteur.*

17 — Proverbe :

Il se donne la discipline avec une queue de renard.
LE ROUX, *Dictionnaire comique.*

c'est-à-dire : c'est un faux dévot.

18. — *Parler regnaut*, c'est parler du nez
COTGRAVE.

19. — Proverbe :

Il a une toux de renard qui conduit au terrier.

c'est-à-dire : selon *Leroux*, il a une toux envieillie et qui dure jusqu'à la mort ;
et selon *Fleury de Bellingen :* être malade de la maladie qui vous mène au tombeau.

Je ne me rends pas compte de ces deux derniers proverbes.

20. — Proverbe :

On dit aussi *renarder* = *se sauver*, comme on dit *fouiner.*

21. — *Faire le renard*, c'est faire l'école buissonnière.

22. — Proverbe :

Crier au regnard l'un sur l'autre = s'invectiver réciproquement. COTGRAVE.

Autrefois crier : au renard ! au renard ! à quelqu'un c'était se moquer de lui, probablement parce qu'on attachait des queues de renard, à ceux dont on voulait s'amuser, et qu'alors on criait au renard !

23. — Je ne me rend pas compte de l'origine du sens des mots suivants :

RENARDER, vomir.
FAIRE UN RENARD, id.

TIRER AU REGNARD, id. Cotgrave.
RENAUDER, id. Ardennes, Tarbé.
RENARDERIE, vomissement. Le Roux *Dictionnaire comique.*
ÉCORCHER LE RENARD, vomir.
FÂR LÉ RNÂS = vomir, Pays messin, recueilli personnellement.

24. — Locution proverbiale :

Avoir une fièvre de renard.

c'est-à-dire : être affamé. On dit souvent : il a une fièvre de renard, il mangerait bien une poule.

Pont-Audemer, Vasnier, p. 65

25. — Proverbe :

Pluie de mars,
Ne vaut pas pisse de renard.

Nièvre, *Statistique de la France.*

26. — Proverbe :

Le renard est pris, laschez vos poules.

se dit d'un rusé qui enfin est pris à son tour.

FLEURY DE BELLINGEN.

27. — Proverbe :

Se retirer à pas de renard.

Provence, SOUVESTRE, *les Derniers Paysans*, p. 40.

28. — Proverbe :

— Habillé comme un renard, la peau vaut mieux que la viande.

A. LAURENT, *l'Avocat de l'Isère*, *Tournai*, 1873, p. 115.

II.

1. — Proverbes :

— Enfin les renards se trouvent chez les pelletiers.
— La peau du renard finit toujours par arriver à la boutique du pelletier.

Cf. le proverbe italien : **Tutte le volpi si trovano in pelliceria.**

Le proverbe sarde logodourien : **Ogni mazzone benit a perder sa coa.**

(Tous les renards finissent par perdre leur queue.)

Le proverbe sicilien : **Dissiru li vulpazzi a li vulpotti : a lu piddaru nni videmu tutti.**

(Les vieux renards dirent aux jeunes, nous nous retrouverons tous chez le pelletier.)

Le proverbe anglais : **Every fox must pay his own skin to the flayer.**

Le proverbe allemand : **Alle listigen Füchse kommen endlich beim kürschner in der Beize zu kommen.**

Reinsberg-Duringsfeld, t. I, p. 272.

Le proverbe italien : **A rivederci ormai in pelliceria.**

Mery, t. I, p. 332.

2. — Proverbes :

— Il est avis au renard que chacun mange poule comme lui.

MERY, t. III, p. 53.

— Li es avis aou rainar
Que cadun jogo de soun ar.

Languedoc, THIESSING, p. 80.

3. — Proverbe :

Dé sa quouo satgé ou fol
Cado raynart fa ço qué bol.

Anacharsis Combes, qui cite ce proverbe (p. 13), le traduit ainsi :

Chaque renard porte la queue à sa manière.

4. — Proverbe :

Le renard cache sa queue.

5. — Proverbe :

Renard, que tu as grant queue.

Proverbe du XVe siècle, cité par Leroux de Lincy.

Toujours à la queuë on connut le regnart. (Anc. français.)

Fr. MICHEL, *Dictionnaire d'Argot*, p. 356.

Cf. Le proverbe toscan : **La volpe si conosce alla coda,**

Reinsberg-Duringsfeld, t. 1.

6. — Proverbes :

— Le renard change de poil mais non de naturel.

— Lou renard que cambie de peu, mes pas d'alure.

Béarnais, REINSB.-DURINGSF., t. 1, p. 46.

Cf. les proverbes sardes logodouriens : **Su mazzone podet perder su pilu, ma sas trampas non las perdet mai.**

Su mazzone podet perder sa coa, ma non su vitiu.

Su mazzone pilidura tramudat, ma intragnas nò.

Le proverbe espagnol : **El pelo muda el raposo, mas el natural no despoja.**

Reinsberg-Duringsfeld, t. 1, p. 46.

Le proverbe sarde : **Fait comente y su frayzu ca perdit su pilu, e noy sumbizzu** (1). Salvator.

Le loup prend souvent la place du renard dans ces proverbes.

7. — Proverbes :

— Le renard prêche aux poules.

— Las galinos auran mau tens, lous reynars s'y conseilhon.

Provençal moderne.

REINSB.-DURINGSF., t. I, p. 270.

(*Allusions au roman du Renart.*)

Cf. le proverbe italien : **Guardatevi, galline, che le golpi si consigliano.**

Le proverbe toscan : **Quando la volpe predica, guardatevi, galline.**

Le proverbe napolitain : **Consiglio de vorpe, dammaggio de galline.**

Le proverbe anglais : **When the fox preaches, beware of your geese.**

Le proverbe écossais : **When the tod preaches, take tent o' the lambs.**

Le proverbe hollandais : **Als de vos de passie preêkt, boeren, past op je ganzen**

(Quand le renard prêche la passion, paysans, faites attention à vos oies.)

Le proverbe allemand : **Wenn der Fuchs predigt, so hüte der gänse.**

Reinsberg-Duringsfeld, t. 1, p. 270.

Les proverbes bas-breton : **Al louarn o prezek d'ar ier** (le renard qui prêche aux poules.)

Tenna eun dro louarn (jouer tour de renard.)

Sauvé, **Revue celtique.**

(1) Salvator traduit ainsi ce proverbe : **Vulpi similis quæ prius amittit pilum quam vitium.**

8. — Proverbes :

— Le renard est devenu hermite.
— A la fin sera le renard moyne. Ancien français.
— Regnard est devenu moyne. Ancien français.
— Regnard a descogneu sa qeue. Ancien français.

LEROUX DE LINCY.

(*Allusions au roman du Renart.*)

9. — Proverbe :

Se confesser au renard.

(*Allusion au roman du Renart.*)

10. — Proverbe :

Il faut coudre la peau du renard à celle du lion.

c'est-à-dire : il faut joindre la ruse à la force.

11. — Proverbes :

— Ainsi, dist le renard, des mures quand il n'en peult avoir : Elles ne me sont point bonnes. Proverbe du XVe siècle.
— Il est comme le renard, il trouve les raisins trop verts.
— Autant dit le renard des mûres ; elles sont trop vertes.
— On sait pourquoi le renard ne veut pas de miel.

Jura, Toubin, p. 286.

Cf. le proverbe italien : **La volpe dice che l'uva è agresta.** — Le proverbe anglais : **Foxes when they cannot reach the grapes say they are not ripe** — **Fie upon heps** (gratte culs), **quoth the fox, because he could not reach them.** — Le proverbe écossais : **Soor plums! quo' the tod** (renard) **when he couldna climb the tree.** — Le proverbe allemand : **Die tranben sind sauer, sagte der Fuchs.** — Le proverbe espagnol : **asi dixo la zorra à las uvas, no pudiéndolas alcanzar, que no estaban maduras.**

Reinsberg-Duringsfeld, t. II p. 262.

12. — Locution proverbiale :

Quand le raisin blanc est devenu d'un beau jaune doré pour avoir été exposé au soleil on dit que *le renard a pissé dessus*.

13. — « Le jeudi ou le mardi gras, on fait une aspersion de bouillon d'andouille autour de la maison, pour empêcher que les renards ne viennent manger les poulets. »

THIERS, t. 1, p. 271.

On peut conjurer les renards par cette oraison :

Au nom du Père, † du Fils † et du Saint-Esprit † renards ou renardes, je vous conjure et charme, et vous conjure au nom de la très-sainte et sursainte, comme Notre-Dame fut enceinte, que vous n'ayez à prendre ni écarter aucun de mes oiseaux de mon troupeau soit coqs, soit poules ou poulets, ni à manger leurs nids, ni à sucer leur sang, ni à casser leurs œufs, ni à leur faire aucun mal, etc.

(Il faut dire cette oraison trois fois par semaine.)

En substituant les mots loups et louves, on peut conjurer les loups.

THIERS, t. I, p. 479.

14. — Un jour, le renard affamé, n'avait trouvé pour son souper que des airelles et des mûres de buisson. Comme il faisait très-noir et beaucoup d'orage, il se trompait et happait le vide au lieu du fruit ; à chaque éclair il se reprenait et s'écriait : maï, maï, eluide (éclaire davantage).

FOREZ, *Noëlas, Légendes*, p. 241 en note.

15. — « *Prendre le renard*, c'est faire les réjouissances de la dernière voiture de la moisson. »

Bresse châlonnaise, GUILLEMIN.

Cf. l'usage suivant qui existe dans le Limbourg :

« La moisson de blé terminée, le dernier charriot est d'habitude décoré d'un grand mai, et suivi de tous les faucheurs et de toutes les faucheuses, qui l'accompagnent en chantant jusqu'à la métairie où les attend un repas, que, dans le pays de Limbourg, on appelle « *haaseete* » repas du lièvre. »

REINSBERG-DURINSFELD, *Traditions et Légendes*, t. II, p. 187.

BALOENA MYSTICETUS. L.

LA BALEINE.

I.

1. — Du latin *balaena*, viennent :

BALENA, *f.* ancien provençal, Raynouard.
BALEINE, *f.* français.
BAULAINE, ancien français, Littré.

Cf. **Balena**, italien, catalan. — **Balenha**, (=**balœnoptera musculus**, Cuvier, autre espèce de baleine) Gênes, Descrizione. — **Ballena**, espagnol.

2. — La petite *baleine* porte le nom de :

BALENAT, *m.* ancien provençal, Raynouard.
BALEINEAU, *m.* français.
BALEINON, *m.* français, Marin, *Dictionnaire français hollandais.*

Cf. **Balenetto**, italien. — **Balenato**, espagnol.

3. — Presque tous les cétacés sont confondus sous le nom de *baleines* ; lorsque l'on veut désigner spécialement la *baloena mysticetus,* on lui donne le nom de

BALEINE FRANCHE (1), *f.* français.

c'est-à-dire la vraie baleine.

Cf. **Right Whale**, anglais.

4. — On appelle *blanc de baleine* ou *sperma ceti,* une substance huileuse, concrète et cristallisable, qui ne se retire que du cerveau des vrais cachalots (2).

GUILLAUMIN, *Dict. du Commerce*, p. 184.

Ces deux expressions *blanc de baleine* et *sperma ceti* sont impropres.

(1) Pour le mot **franc**, Cf. Moineau franc = vrai moineau.
(2) Le **Cachalot** est appelé **Spermwhale** en anglais.

II.

1. — Proverbe :

« Dious nous garde dal bran de la baleno
Et dal cant de la sireno.

Castres, Couzinié.

c'est-à-dire : Dieu nous garde du vent de la baleine et du chant de la sirène.

DELPHINUS DELPHIS. L.

LE DAUPHIN.

I.

1. — Du latin *delphinum*, viennent :

DALFIN, *m.* ancien provençal, Raynouard.
DAUPHIN, *m.* français.
DOOUFIN, *m.* Bouches-du-Rhône, Villeneuve.

Cf. **Delfino**, italien. — **Derfino**, Naples, Costa. — **Delfin**, Gênes, Descrizione. — **Delfi**, catalan. — **Delfin**, **golfin**, espagnol. — **Golfino**, galicien, Cornide, — **Delphin**, allemand. — **Dolphin**, anglais. — **Daofin**, département du Morbihan, Taslé.

2. — Le *delphinus delphis* porte encore les noms suivants :

POR MARIN, *m*, Gard, Crespon.
(1) PORC DE MAR, *m.* catalan des Pyrénées-Orientales, Companyo.
OYE DE MER, *f.* ancien français, Belon.
OIE DE MER, *f.* Normandie, Chesnon.
(2) BEC D'OIE, *m.* ancien français, Rondelet, p. 344.

Cf. **Meerschwein**, allemand, Nemnich.

(1) Le nom **porc de mer** fait allusion à la couche graisseuse qui s'accumule sous la peau des dauphins, comme sous celle des cochons.

Cuvier, p. 127.

(2) « L'espèce de bec aplati, déprimé, que forment ses mâchoires, est le caractère qui a porté nos pêcheurs à donner le nom si singulier d'**oie de mer** à cet animal. F. Cuvier, **les Cétacés**, suite à Buffon, p. 127.

3. — Est-ce cet animal que Belon appelle le *chauderon*, et qu'il dit être le plus grand cétacé après la baleine? Dans Palsgrave, on trouve *Whirlpole = a fisshe, chaudron de mer*.

DELPHINUS PHOCŒNA. L.

LE MARSOUIN.

I.

1. — Cet animal est généralement connu sous le nom de :

MARSOUIN, *m*. français.

ce mot vient de l'ancien haut allemand *mêri-suin* (cochon de mer.) (1)

2. — On l'appelle aussi :

POURCILLE, *f*. *Dictionnaire des Pêches*, *Encyclopédie méthodique*, an IV, p. 13.
COCHON DE MER, *m*. Picardie, Marcotte.
POUR-PEIS, *m*. (c'est-à-dire porc poisson), Guernesey, Métivier.
(2) PORPEIS, *m*, ancien français, Fr. Michel.
Roman du Mont Saint-Michel, p. 472.

Cf. **Porco marino**, italien. — **Puerco marino**, espagnol, Cornide. — **Porpoise**, anglais. — **Porpays**, anglais, Morris. — **Porpus**, **porpoo**, anglais, Charleton, p. 48.

3. — Est-ce au *delphinus phocœna* que s'applique le nom d'*oudre*, *ouldre* que Belon dit être le grand marsouin?

4. — On l'appelle encore :

TOUNIN, Bouches-du-Rhône, Villeneuve.

Cf. **Toulĩna**, gallicien, Cornide.

(1) Le nom de marsouin est souvent donné aux **delphinus** sans distinction d'espèce.

(2 On appelle ainsi le **delphinus phocœna**, parce qu'il est comme le porc revêtu d'une épaisse couche de lard.

DELPHINUS ORCA. L.

L'ÉPAULARD.

1. — Du temps de Rondelet, on appelait cet animal :

ESPAULAR, *m.* Saintonge, Rondelet.

Le naturaliste Lesson, qui habitait la Saintonge, n'y a pas retrouvé l'usage de ce nom.

DELPHINUS TURSIO. FABR.

I.

1. — Cet animal porte les noms de :

SOUFFLEUR, *m.* Normandie, Chesnon.
SOUFLUR, *m.* Nice, Risso.
TAUPE DE MER, *f.* Normandie, Chesnon.
COUDIEUX, COUDIN, Méditerranée, Duhamel. *Traité des pêches*, cité par F. CUVIER, *les Cétacés*, p. 144.
CAUDUE, Méditerranée, Risso, cité par CUVIER, *les Cétacés*, p. 145.

Il n'est pas bien certain que ces derniers noms de *coudieux*, *coudin*, *cauduc*, s'appliquent au *delphinus tursio*.

Voyez CUVIER, *les Cétacés*, p. 144 et 145.

PHYSETER. L. (Genre.)

LE CACHALOT.

I.

1. — Les animaux du genre *physeter* portent le nom de:

CACHALOT, *m.* français.

Pour l'étymologie de ce mot voyez LITTRÉ.

Cf. **Kaschalot, Kaschelot,** allemand, Nemnich. — **Kazilot,** hollandais, Nemnich. — **Kaskelot,** danois, Nemnich. — **Kaselotfisk,** suédois, Nemnich.

2. — Une espèce de *physeter* porte le nom de :

MUCRAR, MURAR, *m.* Marseille, Villeneuve.

C'est sans doute le même animal que Rondelet (p. 356), dit être appelé *peis mular* dans le Languedoc, et *senedette* en Saintonge.

PHOCA VITULINA. L.

LE PHOQUE.

I.

1. — Le mot :

PHOQUE, *m.* français.

est d'origine savante ; il vient du grec.

2. — On l'appelle aussi :

VEAU DE MER, VEAU MARIN, *m.* français.
BIOU MARIN, *m.* languedocien, Azaïs.
BOU MARIN, *m.* Nice, Risso.
CHIEN DE MER, CHIEN MARIN, *f.* français.
LOUP MARIN, *m.* français.

Cf. **Vitello marin**, Gênes, Descrizione. — **Vecchio marino, vitello marino**, italien. — **Viggiu marina**, Sardaigne, Azuni, 2e vol. p. 80. — **Lobo marinho**, portuguais.— **Seehund, seekalb, meerkalb**, allemand, Nemnich, — **Sea calf**, anglais.

3. — Locution proverbiale :

Souffler comme un phoque.

FIN.

TABLE DES MATIÈRES.

NOMS LATINS.

NOMS FRANÇAIS.

PAUL LEPRÊTRE ET Cie, IMPRIMEURS A DIEPPE, GRANDE-RUE, 133.

www.ingramcontent.com/pod-product-compliance
Ingram Content Group UK Ltd.
Pitfield, Milton Keynes, MK11 3LW, UK
UKHW020242250726
13967UKWH00004B/1488

9 782012 934306